T0203252

Contemporánea

Aldous Huxley (1894-1963), novelista, ensayista, crítico y poeta inglés, nieto de Thomas y hermano de Julian. Nació en Godalming, Surrey, y estudió en las universidades de Eton y Oxford. Trabajó en varios periódicos y publicó cuatro libros de poesía antes de la aparición de su primera novela, *Los escándalos de Crome* (1921). Las novelas *Heno antiguo* (1923) y *Contrapunto* (1928), que ilustran el clima nihilista de la década de 1920, y *Un mundo feliz* (1932), una visión deshumanizada y utópica del futuro, lo hicieron famoso. Durante gran parte de esta época vivió en Italia y Francia. En 1937 emigró a los Estados Unidos. Entre sus más de cuarenta y cinco libros se destacan los de ensayo, *Un Pilatos burlón* (1926), *Mañana y mañana y mañana* (1956), *Nueva visita a un mundo feliz* (1958) y *Literatura y ciencia* (1963). Otras novelas son *Ciego en Gaza* (1936), *Viejo muere el cisne* (1939), *Mono y esencia* (1948) y *La isla* (1962). Huxley también escribió crítica científica, filosófica y social, con obras importantes como *El arte de ver* (1932), *La filosofía perenne* (1946) y *Los demonios de Loudon* (1952). Se interesó mucho por el misticismo y la parapsicología. *Las puertas de la percepción* (1954) y su continuación, *Cielo e infierno* (1956), tratan de sus experiencias con drogas alucinógenas.

Aldous Huxley

Las puertas de la percepción /
Cielo e infierno

Traducción de
Miguel de Hernani

DEBOLS!LLO

Las puertas de la percepción / Cielo e infierno

Título original: *Heaven and Hell*
Published by arrangement with Georges Borchardt, Inc. and International Editors Co.

Primera edición en Debolsillo en Argentina: febrero, 2018
Primera edición en Debolsillo en México: noviembre, 2018

D. R. © 1954, Aldous Huxley

D. R. © 1956, 1975, Editorial Sudamericana
D. R. © 2018, Penguin Random House Grupo Editorial, S.A.
Humberto I, 555, Buenos Aires
www.megustaleer.com.ar

D. R. © 2018, derechos de edición mundiales en lengua castellana:
Penguin Random House Grupo Editorial, S. A. de C. V.
Blvd. Miguel de Cervantes Saavedra núm. 301, 1er piso,
colonia Granada, delegación Miguel Hidalgo, C. P. 11520,
Ciudad de México

www.megustaleer.mx

Miguel de Hernani, por la traducción

ISBN: 978-607-317-299-8

Impreso en Estados Unidos – *Printed in USA*

El papel utilizado para la impresión de este libro ha sido fabricado a partir de madera procedente
de bosques y plantaciones gestionadas con los más altos estándares ambientales, garantizando
una explotación de los recursos sostenible con el medio ambiente y beneficiosa para las personas.

Penguin
Random House
Grupo Editorial

Las puertas de la percepción

Si las puertas de la percepción
quedaran depuradas,
todo se habría de mostrar al hombre
tal cual es: infinito.

WILLIAM BLAKE

Fue en 1886 cuando el farmacólogo alemán Ludwig Lewin publicó el primer estudio sistemático del cacto, al que se dio luego el nombre del propio investigador, *Anhalonium lewinii*, nuevo para la ciencia. Para la religión primitiva y los indios de México y del Sudoeste de los Estados Unidos, era un amigo de tiempo inmemorial. Era, en realidad, mucho más que un amigo. Según uno de los primeros visitantes españoles del Nuevo Mundo, esos indios "comen una raíz que llaman peyotl y a la que veneran como a una deidad".

La razón de que la veneraran como a una deidad quedó de manifiesto cuando psicólogos tan eminentes como Jaensch, Havelock Ellis y Weir Mitchell iniciaron sus experimentos con la mescalina, el principio activo del peyotl. Cierto es que se detuvieron mucho antes de llegar a la idolatría, pero todos ellos coincidieron en asignar a la mescalina un puesto entre las drogas más distinguidas. Administrada en dosis adecuadas, cambiaba la cualidad de la conciencia más profundamente —siendo al mismo tiempo menos tóxica— que cualquier otra sustancia del repertorio de la farmacología.

La investigación sobre la mescalina ha continuado de modo intermitente desde los días de Lewin y Havelock Ellis. Los químicos no se han limitado a aislar el alcaloide; han aprendido también a sintetizarlo, de forma que las existencias no dependan ya de las dispersas e intermitentes entregas de un cacto del desierto. Los alienistas se han dosificado a sí mismos con mescalina, movidos por la esperanza de llegar así a una comprensión mejor, una comprensión directa, de los procesos mentales de sus pacientes. Aunque trabajando por desgracia con muy pocos sujetos y en una muy limitada variedad de circunstancias, los psicólogos han observado y catalogado algunos de los más notables efectos de la droga. Neurólogos y fisiólogos han averiguado algo acerca de cómo actúa sobre el sistema nervioso central. Y un filósofo profesional por lo menos ha tomado mescalina para ver qué luz arroja sobre ciertos viejos enigmas no resueltos, como el lugar de la inteligencia en la naturaleza y la relación entre el cerebro y la conciencia. Las cosas quedaron así hasta que, hace dos o tres años, se observó un hecho nuevo y tal vez muy significativo.[1] En realidad, era

---

[1] Véanse los siguientes trabajos:

H. Osmond y J. Smythies, "Schizophrenia. A New Approach", *Journal of Mental Science*, vol. XCVIII, abril de 1952.

un hecho que había estado a la vista de todos desde hacía varias décadas; sin embargo, fuera como fuere, nadie lo advirtió hasta que un joven psiquiatra inglés, que actualmente trabaja en Canadá, se fijó en la estrecha semejanza que existe, en composición química, entre la mescalina y la adrenalina. Ulteriores investigaciones revelaron que el ácido lisérgico, un alucinógeno muy poderoso que se obtiene del cornezuelo del centeno, tiene con ambas una relación bioquímica estructural. Luego vino el descubrimiento de que el adrenocromo, que es un producto de la descomposición de la adrenalina, puede producir muchos de los síntomas observados en la intoxicación con mescalina. Pero el adrenocromo se produce probablemente de modo espontáneo en el cuerpo humano. En otros términos, cada uno de nosotros es capaz de producir una sustancia química de la que se sabe que, aun administrada en dosis diminutas, causa profundos

---

H. Osmond, "On Being Mad", *Saskatchewan Psychiatric Services Journal*, vol. I, nº 2, septiembre de 1952.

J. Smythies, "The Mescalin Phoenomena", *The British Journal of the Philosophy of Science*, vol. III, febrero de 1953.

A. Hoffer, H. Osmond y J. Smythies, "Schizophrenia. A New Approach. II. Results of a year's reserch", *Journal of Mental Science*, vol. C, nº 418, enero de 1954.

Hay en preparación otros muchos trabajos sobre la bioquímica, farmacología, psicología y neurofisiología de la esquizofrenia y los fenómenos de la mescalina.

cambios en la conciencia. Algunos de estos cambios son análogos a los que se manifiestan en la plaga más característica del siglo XX, la esquizofrenia. ¿Es que el desorden mental tiene por causa un desorden químico? ¿Y el desorden químico se debe a su vez a angustias psicológicas que afectan a las suprarrenales? Sería imprudente y prematuro afirmarlo. Lo más que podemos decir es que se ha llegado a algo parecido a un caso *prima facie*. El indicio está siendo tratado sistemáticamente, y los sabuesos —bioquímicos, psiquiatras, psicólogos— siguen la pista.

Por una serie de circunstancias para mí muy afortunadas, yo me vi de lleno en esta pista en la primavera de 1953. Uno de los sabuesos había venido por asuntos suyos a California. A pesar de los setenta años de investigación sobre la mescalina, el material psicológico a su disposición era todavía absurdamente insuficiente y el hombre deseaba mucho aumentarlo. Yo estaba allí y dispuesto —deseándolo muy de veras— a actuar de conejillo de Indias. Es así como en una luminosa mañana de mayo ingerí cuatro décimas de gramo de mescalina disueltas en medio vaso de agua y me senté a esperar los resultados.

Vivimos juntos y actuamos y reaccionamos los unos sobre los otros, pero siempre, en todas las circunstancias, estamos solos. Los mártires entraban en el circo tomados de la mano, pero eran crucificados aisladamente. Abrazados, los amantes tratan desesperadamente de fusionar sus aislados éxtasis en una sola autotrascendencia, pero es en vano. Por su misma naturaleza, cada espíritu con una encarnación está condenado a padecer y gozar en la soledad. Las sensaciones, los sentimientos, las intuiciones, imaginaciones y fantasías son siempre cosas privadas y, salvo por medio de símbolos y de segunda mano, incomunicables. Podemos formar un fondo común de información sobre experiencias, pero no de las experiencias mismas. De la familia a la nación, cada grupo humano es una sociedad de universos-islas.

La mayoría de los universos-islas tienen las suficientes semejanzas entre sí para permitir la comprensión por inferencia y hasta la empatía o "dentro del sentimiento". Así, recordando nuestras propias aflicciones y humillaciones, podemos condolernos de otros en análogas circunstancias, podemos ponernos —siempre, desde luego, un poco al estilo Pickwick— en su lugar. Pero, en ciertos casos, la comunicación entre universos es incompleta o hasta inexistente. La inteligencia es su propio lugar, y los lugares habitados por los insanos y los excepcionalmente dotados son tan diferentes de aquellos en que viven los hombres y mujeres corrientes que hay poco o ningún terreno común de memoria que pueda servir de base para la comprensión o la comunidad de sentimientos. Se pronuncian palabras, pero son palabras que no ilustran. Las cosas y acontecimientos a que los símbolos hacen referencia pertenecen a campos de experiencia que se excluyen mutuamente.

Vernos a nosotros mismos como los demás nos ven es un don en extremo conveniente. Apenas es menos importante la capacidad de ver a los demás como ellos mismos se ven. Pero ¿qué pasa si los demás pertenecen a una especie distinta y habitan en un universo radicalmente extraño? Por ejemplo, ¿cómo puede el cuerdo llegar a saber lo que realmente se siente cuando se está loco? O, a menos que también se haya nacido visionario, médium o genio musical, ¿cómo podemos visitar los mundos en los que Blake, Swedenborg o Johann Sebastian Bach se sentían como en su casa? Y ¿cómo puede un hombre que se halla en los límites extremos de la ectomorfia y cerebrotonía ponerse en el lugar de otro situado en los límites de la endomorfia o viscerotonía o, salvo en ciertas zonas muy circunscriptas, compartir los sentimientos de quien se encuentra en los límites de la mesomorfia o somatotonía? Supongo que estas preguntas carecen de sentido para el *behaviourista* sin paliativos, atento únicamente a los comportamientos. Pero para quienes teóricamente creen lo que en la práctica saben que es verdad —concretamente, que hay un interior para la experiencia, lo mismo que un exterior—, los problemas planteados son problemas reales, tanto más graves cuanto que algunos son completamente insolubles, y otros, solubles tan sólo en circunstancias excepcionales y por métodos que no están al alcance de cualquiera. Así, parece virtualmente indudable que nunca sabré qué se siente cuando se es un Sir John Falstaff o un Joe Louis. En cambio, siempre me ha parecido que, por ejemplo, mediante la hipnosis o la autohipnosis, por medio de una meditación sistemática o también tomando la droga adecuada, es posible cambiar mi modo ordinario de conciencia hasta el punto de quedar en condiciones de saber, desde dentro, de qué hablan el visionario, el médium y hasta el místico.

Por lo que había leído sobre las experiencias con la mescalina, estaba convencido por adelantado de que la droga me haría entrar, al menos por unas cuantas horas, en la clase de mundo interior descrito por Blake y A. E. Pero no sucedió lo que yo había esperado. Yo había esperado quedar tendido con los ojos cerrados, en contemplación de visiones de geometrías multicolores, de animadas arquitecturas llenas de gemas y fabulosamente bellas, de paisajes con figuras heroicas, de dramas simbólicos, perpetuamente trémulos en los lindes de la revelación final. Pero no había tenido en cuenta, era manifiesto, las idiosincrasias de mi formación mental, los hechos de mi temperamento, mi preparación y mis hábitos.

Soy y, en cuanto puedo recordar, he sido siempre poco imaginativo. Las palabras, aunque sean las preñadas palabras de los poetas, no evocan imágenes en mí. No tengo visiones en los lindes del sueño. Cuando recuerdo algo, la memoria no se me presenta como un objeto o un acontecimiento que estoy volviendo a ver. Por un esfuerzo de la voluntad puedo evocar una imagen no muy clara de lo que sucedió ayer por la tarde, del aspecto que tenía Lungarno antes de que fueran destruidos los puentes, de cómo era Bayswater Road cuando los únicos ómnibus eran verdes y pequeños y avanzaban, tirados por unos viejos caballos, a tres millas y media por hora. Pero estas imágenes tienen poca sustancia y carecen en absoluto de vida autónoma propia. Guardan con los objetos reales y percibidos la misma relación que los espectros de Homero guardaban con los hombres de carne y hueso que iban a visitarlo a las sombras. Sólo cuando tengo mucha fiebre adquieren mis imágenes mentales una vida independiente. A quienes posean una imaginación más viva mi mundo interior tiene que parecerles necesariamente gris, limitado y poco interesante. Éste era el mundo —poca cosa, pero cosa mía— que esperaba ver transformado en algo completamente diferente de sí mismo.

El cambio que efectivamente se produjo en él no fue en modo alguno revolucionario. Media hora después de tomada la droga advertí una lenta danza de luces doradas. Poco después hubo suntuosas superficies rojas que se hinchaban y expandían desde brillantes nódulos de energía, unos nódulos vibrantes, con una vida ordenada continuamente cambiante. En otro momento, cuando cerré los ojos, se me reveló un complejo de estructuras grises, dentro del que surgían esferas azuladas que iban adquiriendo intensa solidez y, una vez completamente surgidas, ascendían sin ruido hasta perderse de vista. Pero en ningún momento hubo rostros o formas de hombres o animales. No vi paisajes, ni espacios enormes, ni aparición y metamorfosis mágicas de edificios ni nada que se pareciera ni remotamente a un drama o una parábola. El otro mundo al que la mescalina me daba entrada no era el mundo de las visiones; existía allí mismo, en lo que podía ver con los ojos abiertos. El gran cambio se producía en el campo objetivo. Lo casi sucedido a mi universo subjetivo carecía de importancia.

Tomé mi píldora a las once. Hora y media después estaba sentado en mi estudio, con la mirada fija en un florerito de cristal. Este florero contenía únicamente tres flores: una rosa Bella de Portugal completamente abierta, de un rosado de concha marina, pero mostrando en la base de cada pétalo un matiz más cálido y vivo; un gran clavel de color magenta y crema; y, pálida púrpura en el extremo de su tallo roto, la audaz floración heráldica de un iris. Fortuito y provisional, el ramillete infringía todas las normas del buen gusto tradicional. Aquella misma mañana, a la hora del desayuno, me había llamado la atención la viva disonancia de los colores. Pero no se trataba ya de esto. No contemplaba ahora unas flores dispuestas de modo desusado. Estaba contemplando lo que Adán había contemplado la mañana de su creación: el milagro, momento por momento, de la existencia desnuda.

—¿Es agradable? —preguntó alguien. Durante esta parte del experimento se registraban todas las conversaciones en un dictáfono y esto me ha permitido refrescar mi memoria.

19

—Ni agradable ni desagradable —contesté—. Simplemente, es.

Istigkeit... ¿No era ésta la palabra que agradaba a Meister Eckhart? "Ser-encia." El Ser de la filosofía platónica, salvo que Platón parece haber cometido el enorme y absurdo error de separarlo del devenir e identificarlo con la abstracción matemática de la Idea. El pobre hombre no hubiera podido ver nunca un ramillete de flores brillando con su propia luz interior y mucho menos estremecerse bajo la presión del significado con que estaba cargado; nunca hubiera podido percibir que lo que la rosa, el iris y el clavel significaban tan intensamente era nada más, y nada menos, que lo que eran, una transitoriedad que era sin embargo vida eterna, un perpetuo perecimiento que era al mismo tiempo puro Ser, un puñado de particularidades insignificantes y únicas en las que cabía ver, por una indecible y sin embargo evidente paradoja, la divina fuente de toda existencia.

Continué en contemplación de las flores y, en su luz viva, creí advertir el equivalente cualitativo de la respiración, pero de una respiración sin retorno al punto de partida, sin reflujos recurrentes, con sólo un reiterado discurrir de una belleza a una belleza mayor, de un hondo significado a otro todavía más hondo. Me vinieron a la mente palabras como Gracia y Transfiguración y esto era, desde luego, lo que las flores, entre otras cosas, sostenían. Mi vista pasó de la rosa al clavel y de esta plúmea incandescencia a las suaves volutas de amatista sentimental que era el iris. La Visión Beatífica, *Sat Chit Ananda*, Ser-Conocimiento-Bienaventuranza… Por primera vez comprendí, no al nivel de las palabras, no por indicaciones incoadas o a lo lejos, sino precisa y completamente, a qué hacían referencia estas prodigiosas sílabas. Y luego recordé un pasaje que había leído en uno de los ensayos de Suzuki: "¿Qué es el Dharma-Cuerpo del Buda?". (El Dharma-Cuerpo del Buda es otro modo de decir Inteligencia, Identidad, el Vacío, la Divinidad.) Quien formula la pregunta es un fervoroso y perplejo novicio en un monasterio Zen. Y con la rápida incoherencia de uno de los Hermanos Marx, el Maestro contesta: "El seto al fondo del jardín". El novicio, en la incertidumbre, indaga: "Y el hombre que comprende esta verdad ¿qué es, puede decírmelo?". Groucho le da un golpecito en el hombro con el báculo y contesta: "Un león de dorado pelaje".

Cuando lo leí, no fue para mí más que desatino con un algo dentro, vagamente presentido. Ahora, todo era claro como el día, evidente como Euclides. Desde luego, el Dharma-Cuerpo del Buda era el seto al fondo del jardín. Al mismo tiempo y de modo no menos evidente, era estas flores y cualquier otra cosa en que Yo —o, mejor dicho, el bienaventurado No-Yo liberado por un momento de mi asfixiante abrazo— quisiera fijar mi vista. Los libros, por ejemplo, que cubrían las paredes de mi estudio. Como las flores, brillaban, cuando los miraba, con colores más vivos, con un significado más profundo. Había allí libros rojos como rubíes, libros esmeralda, libros encuadernados en blanco jade; libros de ágata, de aguamarina, de amarillo topacio; libros de lapislázuli de color tan intenso, tan intrínsecamente significativos que parecían estar a punto de abandonar los anaqueles para lanzarse más insistentemente a mi atención.

—¿Qué me dice de las relaciones espaciales? —indagó el investigador, mientras yo miraba los libros.

Era difícil la contestación. Verdad era que la perspectiva parecía rara y que se hubiera dicho que las paredes de la habitación no se encontraban ya en ángulos rectos. Pero esto no era lo importante. Lo verdaderamente importante era que las relaciones espaciales habían dejado de importar mucho y que mi mente estaba percibiendo el mundo en términos que no eran los de las categorías espaciales. En tiempos ordinarios, el ojo se dedica a problemas como *¿Dónde?, ¿A qué distancia?, ¿Cuál es la situación respecto de tal o cual cosa?* En la experiencia de la mescalina, las preguntas implícitas a las que el ojo responde son de otro orden. El lugar y la distancia dejan de tener mucho interés. La mente obtiene su percepción en función de intensidad de existencia, de profundidad de significado, de relaciones dentro de un sistema. Veía los libros, pero no estaba interesado en las posiciones que ocupaban en el espacio. Lo que advertía, lo que se grababa en mi mente, era que todos ellos brillaban con una luz viva y que la gloria era en algunos de ellos más manifiesta que en otros. En relación con esto la posición y las tres dimensiones quedaban al margen. Ello no significaba, desde luego, la abolición de la categoría del espacio. Cuando me levanté y caminé, pude hacerlo con absoluta normalidad, sin equivocarme en cuanto al paradero de los objetos. El espacio seguía allí. Pero había perdido su predominio. La mente se interesaba primordialmente no en las medidas y las colocaciones, sino en el ser y el significado.

Y junto a la indiferencia por el espacio, había una indiferencia igualmente completa por el tiempo.

—Se diría que hay tiempo de sobra. —Era todo lo que contestaba cuando el investigador me pedía que le dijera lo que yo sentía acerca del tiempo.

Había mucho tiempo, pero no importaba saber exactamente cuánto. Hubiera podido, desde luego, recurrir a mi reloj, pero mi reloj, yo lo sabía, estaba en otro universo. Mi experiencia real había sido, y era todavía, la de una duración indefinida o, alternativamente, la de un perpetuo presente formado por un apocalipsis en continuo cambio.

El investigador hizo que mi atención pasara de los libros a los muebles. Había en el centro de la habitación una mesita de máquina de escribir; más allá, desde mi punto de vista, había una silla de mimbre y, más allá todavía, una mesa. Los tres muebles formaban un complicado dibujo de horizontales, verticales y diagonales, un dibujo que resultaba más interesante por el hecho mismo de que no era interpretado en función de relaciones espaciales. Mesita, silla y mesa se unían en una composición que parecía algo de Braque o Juan Gris, una naturaleza muerta que, según se advertía, se relacionaba con el mundo objetivo, pero expresándolo sin profundidad, sin ningún afán de realismo fotográfico. Yo miraba mis muebles, no como el utilitario que ha de sentarse en sillas y escribir o trabajar en mesas, no como el operador cinematográfico o el observador científico, sino como el puro esteta que sólo se interesa en las formas y en sus relaciones con el campo de visión o el espacio del cuadro. Pero, mientras miraba, esta vista puramente estética de cubista fue reemplazada por lo que sólo puedo describir como la visión sacramental de la realidad. Estaba de regreso en donde había estado al mirar las flores, de regreso en un mundo donde todo brillaba con la Luz Interior y era infinito en su significado. Las patas de la silla, por ejemplo, ¡qué maravillosamente tubulares eran, qué sobrenaturalmente pulidas! Pasé varios minutos —¿o fueron siglos?—, no en mera contemplación de estas patas de bambú, sino realmente *siendo* ellas o, mejor dicho, siendo yo mismo en ellas o, todavía con más precisión —pues "yo" no intervenía en el asunto, como tampoco, en cierto modo, "ellas"—, siendo mi No-mismo en el No-misma que era la silla.

Al reflexionar sobre mi experiencia, me sentí de acuerdo con el eminente filósofo de Cambridge doctor C. D. Broad en que "haríamos bien en considerar con más seriedad que hasta ahora el tipo de teoría que Bergson presentó en relación con la memoria y la percepción de los sentidos". Según estas ideas, la función del cerebro, el sistema nervioso y los órganos sensoriales es principalmente *eliminativa*, no productiva. Cada persona, en cada momento, es capaz de recordar cuanto le ha sucedido y de percibir cuanto está sucediendo en cualquier parte del universo. La función del cerebro y del sistema nervioso es protegernos, impedir que quedemos abrumados y confundidos por esta masa de conocimientos en gran parte inútiles y sin importancia, dejando fuera la mayor parte de lo que de otro modo percibiríamos o recordaríamos en cualquier momento y admitiendo únicamente la muy reducida y especial selección que tiene probabilidades de sernos prácticamente útil. Conforme a esta teoría, cada uno de nosotros es potencialmente Inteligencia Libre. Pero, en la medida en que somos animales, lo que nos importa es sobrevivir a toda costa. Para que la supervivencia biológica sea posible, la Inteligencia Libre tiene que ser regulada mediante la válvula reductora del cerebro y del sistema nervioso. Lo que sale por el otro extremo del conducto es un insignificante hilillo de esa clase de conciencia que nos ayudará a seguir con vida en la superficie de este planeta determinado. Para formular y expresar el contenido de este reducido conocimiento, el hombre ha inventado e incesantemente elaborado esos sistemas de símbolos y filosofías implícitas que denominamos lenguajes. Cada individuo se convierte en seguida en el beneficiario y la víctima de la tradición lingüística en la que ha nacido: el beneficiario en cuanto el lenguaje procura acceso a las acumuladas constancias de la experiencia ajena y la víctima en cuanto lo confirma en la creencia de que ese reducido conocimiento es el único conocimiento y en cuanto deja hechizado su sentido de la realidad, de forma que cada cual se inclina demasiado a tomar sus conceptos por datos y sus palabras por cosas reales. Lo que, en el lenguaje de la religión, se llama "este mundo" es el universo del conocimiento reducido, expresado y, por decirlo así, petrificado por el lenguaje. Los diversos "otros mundos" con los que los seres humanos entran de modo errátil en contacto son otros tantos elementos de la totalidad del conocimiento perteneciente a la Inteligencia Libre. La mayoría de las personas sólo llegan a conocer, la mayor parte del tiempo, lo que pasa por la válvula reductora y está consagrado como genuinamente real por el lenguaje del lugar. Sin embargo, ciertas personas parecen nacidas con una especie de válvula adicional que permite trampear a la reductora. Hay otras personas que adquieren transitoriamente el mismo poder, sea espontáneamente, sea como resultado de deliberados "ejercicios espirituales", de la hipnosis o de las drogas. Gracias a estas válvulas auxiliares permanentes o transitorias, discurre, no, desde luego, la percepción de "cuanto está sucediendo en todas las partes del universo" —pues la válvula auxiliar no suprime a la reductora, que sigue excluyendo el contenido total de la Inteligencia Libre—, sino algo más —y sobre todo algo diferente del material utilitario—, cuidadosamente seleccionado, que nuestras estrechas inteligencias individuales consideran como un cuadro completo, o por lo menos suficiente, de la realidad.

El cerebro cuenta con una serie de sistemas de enzimas que sirven para coordinar sus operaciones. Algunas de estas enzimas regulan el suministro de glucosa a las células cerebrales. La mescalina impide la producción de estas enzimas determinadas y disminuye así la cantidad de glucosa a disposición de un órgano que tiene una constante necesidad de azúcar. ¿Qué sucede cuando la mescalina reduce la normal ración de azúcar del cerebro? Son muy pocos los casos que han sido observados y esto impide que se pueda dar ya una contestación concluyente. Pero lo que sucede a la mayoría de los pocos que han tomado mescalina bajo fiscalización puede ser resumido como sigue:

1° La capacidad de recordar y de "pensar bien" queda poco o nada disminuida. Cuando escucho las grabaciones de mi conversación bajo la influencia de la droga, no advierto que haya sido entonces más estúpido que en tiempo ordinario.

2° Las impresiones visuales se intensifican mucho y el ojo recobra parte de esa inocencia perceptiva de la infancia, cuando el sentido no está inmediata y automáticamente subordinado al concepto. El interés por el espacio disminuye y el interés por el tiempo casi se reduce a cero.

3° Aunque el intelecto no padece y aunque la percepción mejora muchísimo, la voluntad experimenta un cambio profundo y no para bien. Quien toma mescalina no ve razón alguna para hacer nada determinado y juzga carentes de todo interés la mayoría de las causas por las que en tiempos ordinarios estaría dispuesto a actuar y sufrir. No puede molestarse por ellas, por la sencilla razón de que tiene cosas mejores en que pensar.

4° Estas cosas mejores pueden ser experimentadas —como yo las experimenté— "ahí afuera" o "aquí adentro", o en ambos mundos, el interior y el exterior, simultánea o sucesivamente. Que son cosas mejores resulta evidente para todo tomador de mescalina que acuda a la droga con un hígado sano y un ánimo sereno.

Estos efectos de la mescalina son de la clase de los que cabría esperar que siguieran a la administración de una droga capaz de menoscabar la eficiencia de la válvula reductora del cerebro. Cuando el cerebro se queda sin azúcar, el desnutrido ego se siente débil, se resiste a emprender los necesarios quehaceres y pierde todo su interés en las relaciones espaciales y temporales que tanto significan para un organismo deseoso de ir tirando en este mundo. Cuando la Inteligencia Libre se cuela por la válvula que ya no es hermética, comienzan a suceder toda clase de cosas biológicamente inútiles. En algunos casos, se pueden tener percepciones extrasensoriales. Otras personas descubren un mundo de belleza visionaria. A otras más se les revelan la gloria, el infinito valor y la plenitud de sentido de la existencia desnuda, del acontecimiento tal cual, al margen del concepto. En la fase final de la desaparición del ego —y no puedo decir si la ha alcanzado alguna vez algún tomador de mescalina—, hay un "oscuro conocimiento" de que Todo está en todo, de que Todo es realmente cada cosa. Yo supongo que esto es lo más que una inteligencia finita puede acercarse a "percibir cuanto esté sucediendo en todas las partes del universo".

En relación con esto, ¡qué significativo es el enorme mejoramiento que tiene bajo la influencia de la mescalina la percepción del color! Para ciertos animales, es biológicamente muy importante la capacidad de distinguir ciertos matices. Pero, más allá de los límites de su espectro utilitario, la mayoría de los seres son completamente ciegos para los colores. Las abejas, por ejemplo, pasan la mayor parte de su tiempo "desflorando a las lozanas vírgenes de la primavera", pero, como Von Frisch lo ha mostrado, sólo pueden reconocer unos cuantos colores. El muy desarrollado sentido del color que tiene el hombre es un lujo biológico, precioso para él como ser intelectual y espiritual, pero innecesario para su supervivencia como animal. A juzgar por los adjetivos que Homero pone en sus labios, los héroes de la Guerra de Troya apenas superaban a las abejas en la capacidad para distinguir los colores. En este aspecto por lo menos, el avance de la humanidad ha sido prodigioso.

La mescalina procura a todos los colores un mayor poder y hace que el perceptor advierta innumerables finos matices para los que en tiempo ordinario es completamente ciego. Se diría que, para la Inteligencia Libre, son primarios los llamados caracteres secundarios de las cosas. Al contrario de Locke, entiende de modo manifiesto que los colores son más importantes y dignos de atención que las masas, posiciones y dimensiones. Como los que toman mescalina, muchos místicos perciben colores de un brillo sobrenatural, no solamente con la vista interior, sino hasta en el mundo objetivo que los rodea. Testimonios análogos formulan los psíquicos y los impresionables. Hay ciertos médiums para quienes la breve relación del tomador de mescalina es, durante largos períodos, una experiencia cotidiana y hasta horaria.

Ahora podemos poner fin a esta larga pero indispensable excursión por los campos de la teoría y volver a los hechos milagrosos: cuatro patas de una silla de mimbre en el centro de una habitación. Como los narcisos de Wordsworth, estas cuatro patas procuran toda clase de riquezas: el don, superior a todo precio, de un nuevo conocimiento directo de la verdadera Naturaleza de las Cosas, junto a un más modesto tesoro de comprensión, especialmente en el campo de las artes.

Una rosa, si es una rosa, es una rosa. Pero estas patas de silla eran patas de silla y eran San Miguel y todos los ángeles. Cuatro o cinco horas después del suceso, cuando se estaban desvaneciendo los efectos de una escasez cerebral de azúcar, fui llevado a dar una pequeña vuelta por la ciudad y esto incluía, hacia el anochecer, una visita a lo que modestamente se llama la Mayor Droguería del Mundo. Al fondo de la M. D. del M., entre juguetes, tarjetas postales e historietas, había de modo sorprendente una ringlera de libros de arte. Tomé el volumen que tenía más a mano. Era sobre Van Gogh y el cuadro en el que el libro se abrió era *La Silla*, ese asombroso retrato de una *Ding an Sich*, que el pintor loco vio, con una especie de terror de adoración, y trató de trasladar a la tela. Pero fue un empeño para el que hasta el poder del genio fue de una insuficiencia vital. La silla que Van Gogh había visto era evidentemente la misma en esencia que yo había visto. Pero, aunque incomparablemente más real que la silla de la percepción ordinaria, la silla de su cuadro no pasaba de ser un símbolo desusadamente expresivo del hecho. El hecho había sido Identidad manifestada; esto, en cambio, era únicamente un emblema. Emblemas así son las fuentes del verdadero conocimiento acerca de la Naturaleza de las Cosas y este verdadero conocimiento puede preparar a la inteligencia que lo acepta para intuiciones inmediatas por propia cuenta. Pero esto es todo. Por expresivos que sean, los símbolos no pueden ser las cosas que representan.

Sería interesante a este respecto hacer un estudio de las obras de arte que tuvieron a su disposición los grandes conocedores de Identidad. ¿Qué clase de cuadros contempló Eckhart? ¿Qué esculturas y pinturas representaron un papel en la experiencia religiosa de San Juan de la Cruz, de Alcuino, de Huineng, de William Law? Son preguntas a las que no puedo contestar, pero mucho me sospecho que la mayoría de los grandes conocedores de Identidad dedicaron muy poca atención al arte, negándose algunos a tener nada que ver con él y contentándose otros con lo que un ojo crítico consideraría obras de segunda clase y hasta de décima. (Para una persona cuya inteligencia transfigurada y transfigurante puede ver el Todo en cada esto, el que una pintura, inclusive religiosa, sea de primera o de décima clase tiene que ser asunto que lo deje en la más soberana indiferencia.) Yo supongo que el Arte es únicamente para principiantes o, en otro caso, para quienes van con resolución hasta el fin, para quienes han decidido contentarse con el *ersatz* de Identidad, con símbolos y no con lo que significan, con la minuta elegantemente presentada en lugar de la comida real.

Devolví el Van Gogh a su sitio y tomé el volumen que estaba a su lado. Era un libro sobre Botticelli. Lo hojeé. *El nacimiento de Venus*, que nunca fue uno de mis favoritos... *Venus y Marte*, ese hechizo tan apasionadamente denunciado por el pobre Ruskin en la culminación de su prolongada tragedia sexual. La maravillosamente rica e intrincada *Calumnia de Apeles*. Y luego, un cuadro algo menos conocido y no muy bueno: *Judit*. Mi atención se sintió atraída y miré con fascinación, no a la pálida y neurótica heroína o a su asistenta, no a la hirsuta cabeza de la víctima o al primaveral paisaje del fondo, sino a la purpúrea sed, del corpiño y de las largas faldas, agitadas por el viento, de la figura principal.

Aquellos pliegues eran algo que yo había visto antes. Lo había visto esta misma mañana, entre las flores y los muebles, cuando bajé la vista por casualidad y miré luego apasionadamente por opción mis propias piernas entrecruzadas. ¡Qué laberinto de complejidad infinitamente significativa eran aquellos pliegues de mis pantalones! Y ¡qué rica, qué profunda y misteriosamente suntuosa era la contextura de la franela gris! Y todo esto se hallaba de nuevo aquí, en el cuadro de Botticelli.

Los seres humanos civilizados llevan ropas y, por tanto, no puede haber retratos ni reseñas mitológicas o históricas sin representaciones de plegados tejidos. Pero, si puede explicar los orígenes, la mera sastrería nunca será explicación suficiente para el lozano desarrollo del ropaje como tema de primer orden en todas las artes plásticas. Es evidente que los artistas siempre han tenido afición al ropaje por el ropaje o, mejor dicho, al ropaje por ellos mismos. Cuando se pintan o tallan ropajes, se pintan o tallan formas que, a todos los efectos prácticos, son no representativas, es decir, esa clase de formas no condicionadas a las que los artistas, incluidos los fieles a la tradición más naturalista, se dedican muy a gusto. En la Virgen o el Apóstol medios, el elemento estrictamente humano, plenamente representativo, supone aproximadamente el diez por ciento del total. Todo lo demás consiste en variaciones multicolores del inagotable tema de la lana o el lino arrugados. Y estos no representativos nueve décimos de una Virgen o un Apóstol pueden tener cualitativamente tanta importancia como cuantitativamente. Es muy frecuente que establezcan la tónica de toda la obra de arte, que fijen la clave en la que el tema va a interpretarse, que expresen el ánimo, el temperamento y la actitud frente a la vida del artista. Se manifiesta una serenidad estoica en las suaves superficies y amplios pliegues sin torturas de Piero. Desgarrado entre el hecho y el deseo, entre el cinismo y el idealismo, Bernini modera la casi caricaturesca verosimilitud de sus rostros con enormes abstracciones de vestuario, que son la encarnación, en piedra o bronce, de los eternos tópicos de la retórica: el heroísmo, la santidad, la sublimidad, a los que la humanidad perpetuamente aspira, en su mayoría en vano. Y aquí están los inquietantes mantos y túnicas viscerales de El Greco y los duros, retorcidos y como llameantes pliegues en los que Cosimo Tura envuelve sus figuras: en el primero, la espiritualidad tradicional se quiebra y transforma en una indescriptible ansia fisiológica; en el segundo se agita y contorsiona un angustioso sentido de la extrañeza y hostilidad esenciales del mundo. O consideremos a Watteau: sus hombres y mujeres tocan

34

laúdes, se preparan para bailes y pantomimas, se embarcan, pisando aterciopelados céspedes, bajo nobles árboles, para la Citera con que sueñan todos los amantes. La enorme melancolía de estos personajes y la atormentada sensibilidad, en carne viva, de su creador hallan expresión, no en las acciones que registran, no en los ademanes y los rostros que se retratan, sino en el relieve y la contextura de las faldas de tafetán, de las capas y los jubones de satén. No hay aquí ni una sola pulgada de superficie lisa, ni un momento de paz o confianza; todo es un sedoso yermo de innúmeros pliegues y arrugas diminutos, con una incesante modulación —incertidumbre interior expresada con la perfecta seguridad de una mano de maestro— de tono sobre tono, de un indeterminado color sobre otro. En la vida, el hombre propone y Dios dispone. En las artes plásticas, la proposición corresponde al asunto que va a ser tratado y quien dispone es en última instancia el temperamento del artista, aproximadamente —por lo menos, en retratos, historia y género—, el ropaje tallado o pintado. Entre ellas, estas dos cosas pueden decidir que una *fête galante* llene los ojos de lágrimas, que una crucifixión parezca tan serena que resulte casi alegre, que unos estigmas sean casi intolerablemente sexuales, que el parecido de un prodigio de necedad femenina —estoy pensando ahora en la incomparable Mme. Moitessier de Ingres— exprese la más austera e inflexible intelectualidad.

Pero esto no es todo. Los ropajes, como lo he descubierto ahora, son mucho más que recursos para la introducción de formas no representativas en las pinturas y esculturas naturalistas. El artista está congénitamente equipado para ver todo el tiempo lo que los demás vemos únicamente bajo la influencia de la mescalina. La percepción del artista no está limitada a lo que es biológica o socialmente útil. Se filtra hasta su conciencia, a través de la válvula reductora del cerebro y del ego, algo del conocimiento perteneciente a la Inteligencia Libre. Es un conocimiento del significado intrínseco de todo lo existente. Para el artista y para el que toma mescalina, los ropajes son jeroglíficos vivos que representan, de un modo peculiarmente expresivo, el insondable misterio del puro ser. Más inclusive que la carne, aunque menos tal vez que aquellas flores totalmente sobrenaturales, los pliegues de mis pantalones grises de franela estaban cargados de "ser-encia". No puedo decir a qué debían esta privilegiada condición. ¿Se debe acaso a que las formas del ropaje plegado son tan extrañas y dramáticas que atraen al ojo y, de este modo, imponen a la atención el hecho milagroso de la pura existencia? ¿Quién sabe? La razón de la experiencia importa menos que la experiencia misma. Al fijarme en las faldas de Judit, allí, en la Mayor Droguería del Mundo, comprendí que Botticelli, y no solamente Botticelli sino también muchos otros, había contemplado los ropajes con los mismos ojos transfigurados y transfigurantes que yo había tenido aquella mañana. Habían visto la *Istigkeit*, la Totalidad e Infinitud de la ropa plegada, y habían hecho todo lo posible para expresar esto en pintura o piedra. Necesariamente, desde luego, sin lograrlo. Porque la gloria y la maravilla de la pura existencia pertenecen a otro orden, más allá del poder de expresión que tiene el arte más alto. Pero yo pude ver claramente en las faldas de Judit lo que hubiera podido hacer con mis viejos pantalones grises si hubiese sido un pintor de genio. No gran cosa, Dios lo sabe, en comparación con la realidad, pero lo bastante para deleitar a generación tras generación de espectadores, lo bastante para hacerles comprender un poco por lo menos del verdadero significado de lo que, en nuestra patética imbecilidad, llamamos "meras cosas" y desdeñamos en favor de la televisión.

"Es así como deberíamos ver", decía una y otra vez, mientras miraba mis pantalones, los enjoyados libros de los anaqueles o las patas de mi silla infinitamente más que vangoghiense. "Así es como deberíamos ver; así son realmente las cosas." Y, sin embargo, había reparos. Porque, si se viera siempre así, nunca se querría hacer otra cosa. Bastaría con mirar, con ser el divino No-mismo de la flor, del libro, de la silla, del pantalón. Esto sería suficiente. Pero en este caso, ¿qué sería de los demás? ¿Qué de las relaciones humanas? En la grabación de las conversaciones de aquella mañana, hallo constantemente repetida esta pregunta: "¿Qué hay acerca de las relaciones humanas?". ¿Cómo se podría conciliar esta bienaventuranza sin tiempo de ver como se debería ver con los deberes temporales de hacer lo que se debería hacer y de sentir lo que se debería sentir? "Deberíamos ser capaces de ver estos pantalones como infinitamente importantes y a los seres humanos como todavía más infinitamente importantes", dije. Deberíamos… Pero, en la práctica, esto parecía imposible. Esta participación en la gloria manifiesta de las cosas no dejaba sitio, por decirlo así, a lo ordinario, a los asuntos necesarios de la existencia humana, y, ante todo, a los asuntos relacionados con las personas. Porque las personas son ellas mismas y, en un aspecto por lo menos, yo era ahora un No-mismo, que simultáneamente percibía y era el No-mismo de las cosas que me rodeaban. Para este No-mismo recién nacido, el comportamiento, la apariencia y la misma idea del sí mismo habían dejado momentáneamente de existir y, en cuanto a los otros sí mismos, sus antes semejantes, no parecían realmente desagradables —el desagrado no era una de las categorías en función de las que estaba pensando—, sino enormemente ajenos. Obligado por el investigador a analizar y decir lo que estaba haciendo —¡cómo ansiaba estar a solas con la Eternidad en una flor, con la Infinitud en las cuatro patas de una silla y con lo Absoluto en los pliegues de unos pantalones de franela!—, advertí que estaba eludiendo deliberadamente las miradas de quienes estaban conmigo en la habitación, tratando deliberadamente de no darme demasiado cuenta de sus presencias.

Una de aquellas personas era mi mujer y otra, un hombre al que respetaba y tenía mucha simpatía, pero ambos pertenecían al mundo del que, por el momento, la mescalina me había liberado, al mundo de los sí mismos, del tiempo, de los juicios morales y las consideraciones utilitarias; al mundo —y era este aspecto de la vida humana el que quería ante todo olvidar— de la afirmación de sí mismo, de la presunción, de las palabras excesivamente valoradas y de las nociones adoradas idolátricamente.

En esta fase de la experiencia se me entregó una reproducción en gran tamaño del conocido autorretrato de Cézanne: la cabeza y los hombros de un hombre con sombrero de paja, de mejillas coloradas y labios muy rojos, con unas pobladas patillas negras y unos ojos oscuros de pocos amigos. Es una pintura magnífica pero yo no la veía ahora como pintura. Porque la cabeza adquirió muy pronto una tercera dimensión y surgió a la vida como un duendecillo que se asomara a la ventana en la página que yo tenía delante. Me eché a reír y, cuando me preguntaron por qué me reía, dije una y otra vez: "¡Qué pretensiones! Pero ¿quién se cree que es?". La pregunta no estaba dirigida a Cézanne en particular, sino a la especie humana en general. ¿Quiénes se creían que eran?

—Es como Arnold Bennett en los Dolomíticos —dije, recordando de pronto una escena, felizmente inmortalizada en una fotografía del propio A. B., cuatro o cinco años antes de su muerte, haciendo pinitos por un camino invernal en Cortina d'Ampezzo. A su alrededor había nieve virgen; al fondo, rojos despeñaderos. Y allí estaba el bueno e infeliz de A. B. exagerando conscientemente el papel de su personaje favorito en la novela, él mismo, la Tarjeta en persona. Allí iba, haciendo pinitos, lentamente, disfrutando del brillante sol de los Alpes, con los pulgares en las sobaqueras de su chaleco amarillo, que se combaba un poco hacia abajo con la graciosa curva de un mirador Regencia en Brighton; y con la cabeza algo echada hacia atrás, como dirigiendo alguna tartamudeada aserción, cual un *howitzer*, a la azul cúpula del cielo. Me he olvidado de lo que efectivamente dijo, pero toda su actitud, toda su expresión y todo su ademán estaban gritando: "Valgo tanto como estas estúpidas montañas". Y en ciertos modos, desde luego, valía infinitamente más, pero no, como él lo sabía muy bien, en el modo que su personaje favorito en la novela quería imaginarse.

Con éxito —signifique esto lo que significare—, o sin él, todos exageramos el papel de nuestro personaje favorito en la novela. Y el hecho, el hecho casi infinitamente improbable de ser realmente un Cézanne no supone diferencia alguna. Porque el consumado pintor, con su pequeño conducto a la Inteligencia Libre, que le permitía eludir la válvula del cerebro y el filtro del ego, era también, con la misma autenticidad, este patilludo duende con los ojos de pocos amigos.

En busca de alivio volví a los pliegues de mis pantalones. "Es así como deberíamos ver", repetí una vez más. Y hubiera podido añadir: "Éstas son las cosas que deberíamos mirar. Cosas sin pretensiones, satisfechas de ser meramente ellas mismas, contentas de su identidad, no dedicadas a representar un papel, no empeñadas locamente en andar solas, aisladas del Dharma-Cuerpo, en luciferino desafío a la gracia de Dios".

—Lo que más se acercaría a esto sería un Vermeer —declaré.

Sí, un Vermeer. Porque este misterioso artista estaba triplemente dotado: con la visión que percibe el Dharma-Cuerpo como el seto al fondo del jardín, con el talento de expresar esta visión en toda la medida permitida por las limitaciones de la capacidad humana y con la prudencia de atenerse en sus pinturas a los aspectos más manejables de la realidad, porque, aunque representó a seres humanos, Vermeer fue siempre un pintor de naturaleza muerta. Cézanne, que dijo a las mujeres que le servían de modelos que hicieran todo lo posible para parecer manzanas, trató de pintar sus retratos con el mismo espíritu. Pero sus mujeres parecidas a camuesas están más próximas a las Ideas de Platón que al Dharma-Cuerpo en el seto. Son Eternidad e Infinitud vistas, no en arena o flor, sino en las abstracciones de una rama muy superior de geometría. Vermeer nunca pidió a sus muchachas que parecieran manzanas. Al contrario, insistió en que fueran muchachas hasta el límite, pero siempre con la advertencia de que se abstuvieran de comportarse como tales. Podían sentarse o estar tranquilamente de pie, pero no reírse, ni sentirse azoradas, ni rezar o languidecer por novios ausentes, ni charlar, ni mirar con envidia a las criaturas de otras mujeres, ni coquetear, ni amar, odiar o trabajar. Al hacer cualquiera de estas cosas, serían sin duda más intensamente ellas mismas, pero dejarían, por esta misma razón, de manifestar su divino No-mismo esencial. Según la frase de Blake, las puertas de la percepción estaban entonces sólo parcialmente purificadas. Un solo panel se había hecho casi perfectamente transparente; el resto de la puerta seguía lleno de barro. El No-mismo esencial podía ser percibido muy claramente en las cosas y en los seres vivos a este lado del bien y del mal. En los seres humanos, sólo era visible cuando estaban en reposo, con el ánimo sereno, con los cuerpos inmóviles. En estas circunstancias, Vermeer podía ver la Identidad en toda su celestial belleza: podía verla y, en cierta modesta medida, expresarla en una sutil y suntuosa naturaleza muerta. Pero ha habido otros; por ejemplo, los contemporáneos franceses de Vermeer, los hermanos Le Nain. Supongo que se lanzaron a ser pintores de *genre*, pero lo que produjeron en realidad fue una serie de naturalezas muertas humanas, en las que su purificada percepción del significado infinito de todas las cosas queda expresada, no, como en Vermeer, por un sutil enriquecimiento del color y la contextura, sino por una claridad realzada, por una obsesiva rotundidad de forma, dentro de una tonalidad austera, casi monocromática. En nuestros propios días, hemos tenido a Vuillard, el pintor, en sus mejores momentos, de cuadros inolvidablemente espléndidos del Dharma-Cuerpo manifestado en un dormitorio burgués, de lo Absoluto resplandeciendo en medio de una familia de agente de bolsa tomando el té en un jardín suburbano.

Ce qui fait que l'ancien bandagiste renie
Le comptoir dont le faste alléchait les passants
C'est son jardin d'Auteuil, où, veufs de tout encens,
Les Zinnias ont l'air d'être en tôle vernie.

Para Laurent Taillade, el espectáculo era meramente obsceno. Pero si el retirado comerciante en artículos de goma permanecía en su asiento lo bastante quieto, Vuillard veía en él únicamente el Dharma-Cuerpo y hubiera pintado, en las zinnias, en el estanque de las carpas, en la torre morisca y los faroles chinos de la villa, un rincón del Edén antes de la Caída.

Pero, entretanto, mi pregunta quedaba sin contestar. ¿Cómo esta percepción purificada podía conciliarse con el debido interés por las relaciones humanas, con los necesarios quehaceres y deberes, para no hablar de la caridad y la compasión práctica? Se renovaba el muy viejo debate entre los activos y los contemplativos; se renovaba, en lo que a mí se refería, con una acerbidad nunca sentida. Porque, hasta esta mañana, había conocido la contemplación únicamente en sus formas más humildes y ordinarias, como un pensar discursivo; como el trance creador en poesía, pintura o música; como una paciente espera de esa inspiración sin la que ni el más prosaico escritor puede aspirar a realizar nada; como ocasionales vislumbres al estilo de ese "algo mucho más profundamente interpuesto" de Wordsworth; como un sistemático silencio que lleva a veces a atisbos de un "oscuro conocimiento". Pero ahora conocía la contemplación en sus cumbres. En sus cumbres, pero no en su plenitud. Porque, en su plenitud, el camino de María incluye el camino de Marta y lo eleva, por decirlo así, a su propio poder superior. La mescalina abre el camino de María, pero cierra la puerta del camino de Marta. Procura acceso a la contemplación, pero a una contemplación que es incompatible con la acción y hasta con la voluntad de actuar, con la misma idea de actuar. En los intervalos entre sus revelaciones, el tomador de mescalina se inclina a la impresión de que, si bien en cierto aspecto todo es supremamente como debe ser, en otro hay algo que anda mal. Su problema es esencialmente el mismo que afrontan el quietista, el *arhat* y, en otro nivel, el paisajista y el pintor de naturalezas muertas humanas. La mescalina no puede resolver nunca este problema; sólo puede plantearlo, de modo apocalíptico, a aquellos que nunca se habían visto ante él. La solución completa y final sólo puede ser hallada por quienes están dispuestos a aplicar la buena clase de *Weltanschauung* mediante la buena clase de comportamiento y la buena clase de vigilancia constante y espontánea. Por encima del quietista está el contemplativo-activo, el santo, el hombre que, según la frase de Eckhart, está dispuesto a bajar del séptimo cielo para llevar un vaso de agua a su hermano enfermo. Por encima del *arhat*, que se retira de las apariencias a un Nirvana totalmente trascendental, está el Bodhisattva, para quien la Identidad y el mundo de las contingencias son una misma cosa y para cuya compasión sin límites cada una de estas contingencias es una ocasión, no solamente de comprensión transfiguradora, sino también de la caridad más práctica. Y en el universo del arte, por encima de Vermeer y los otros pintores de naturalezas muertas humanas, por encima de los maestros paisajistas chinos y japoneses, por encima de Constable y Turner, de Sisley, Seurat y Cézanne, está el arte que todo lo incluye de Rembrandt. Son nombres enormes, eminencias inaccesibles. En cuanto a mí, en esta memorable mañana de mayo, no podía menos que estar agradecido a una experiencia que me había mostrado, más claramente que nunca antes, la naturaleza última del problema y su solución completamente liberadora.

Permítaseme añadir, antes de dejar este tema, que no hay forma de contemplación, incluida la más quietista, que no posea valores éticos. La mitad por lo menos de toda moral es negativa y consiste en no hacer nada malo. El padrenuestro apenas tiene cincuenta palabras y siete de ellas están dedicadas a pedir a Dios que no nos deje caer en la tentación. El contemplativo unilateral deja sin hacer muchas cosas que debería hacer, pero compensa esto absteniéndose de multitud de cosas que estarían mal hechas. Pascal observó que la suma del mal disminuiría mucho si los hombres aprendieran a quedarse sentados en sus habitaciones. El contemplativo cuya percepción ha sido purificada no necesita quedarse en su habitación. Puede dedicarse a sus cosas, tan completamente satisfecho de ver el divino Orden de Cosas y de participar en él que no sentirá en ningún momento la tentación de aceptar lo que Traherne llamó "las sucias Dádivas del mundo". Cuando nos sentimos los únicos herederos del universo, cuando "por nuestras venas el mar discurre… y nuestras joyas son las estrellas", cuando cuanto percibimos es infinito y santo, ¿qué razones podemos tener para la codicia o la ambición, para buscar el poder o formas de placer más funestas? No es probable que los contemplativos se conviertan en fulleros, alcahuetes o borrachos; por regla general, no predican la intolerancia ni hacen la guerra; no juzgan necesario robar, estafar o explotar a los pobres. Y a estas enormes virtudes negativas podemos añadir otra que, aunque de definición difícil, es positiva e importante. Cabe que el *arhat* y el quietista no practiquen la contemplación en su plenitud, pero, si la practican de algún modo, pueden traer informes esclarecedores de otro y trascendente campo del espíritu y, si la practican en la cumbre, se convertirán en conductos por los que puede llegar desde ese campo cierta benéfica influencia a un mundo de ofuscados sí mismos, que se están crónicamente muriendo por falta de ella.

Entretanto, yo había pasado, a pedido del investigador, del retrato de Cézanne a lo que estaba ocurriendo, dentro de mi cabeza, cuando cerraba los ojos. Esta vez el paisaje interior fue, de manera curiosa, muy poco remunerador. El campo visual estaba lleno de estructuras, como de material plástico o de estaño esmaltado, de brillantes colores y en cambio constante.

—Barato —comenté—. Trivial. Como lo de un comercio de baratijas.

Y todas estas cosas vulgares existían en un universo cerrado y apretado.

—Es como si se estuviera bajo los puentes en un barco —dije—. En un barco ínfimo.

Y mientras miraba, advertí claramente que este barco ínfimo estaba en cierto modo relacionado con las pretensiones humanas. Este sofocante interior de un barco ínfimo era mi propio personal sí mismo; estos vulgares móviles de hojalata y plástico eran mis contribuciones personales al universo.

Juzgué la lección saludable, pero lamenté, ello no obstante, que hubiera sido administrada en este momento y en esta forma. Por regla general, el tomador de mescalina descubre un mundo interior tan manifiestamente una premisa, tan evidentemente infinito y santo, como ese transfigurado mundo exterior que yo había visto con mis ojos abiertos. Desde el principio, mi propio caso había sido diferente. La mescalina me había procurado temporalmente la facultad de ver cosas con los ojos cerrados, pero no pudo —por lo menos, no lo hizo en esta ocasión— revelar un paisaje interior que fuera ni remotamente comparable a mis flores, mi silla o mis pantalones de "allí afuera". Lo que me había permitido percibir dentro no era el Dharma-Cuerpo en imágenes, sino mi propia mente; no la Arquetípica Identidad, sino una serie de símbolos. En otros términos, un sustitutivo de fabricación casera para esa Identidad.

La mayoría de los imaginativos se transforman con la mescalina en visionarios. Algunos de ellos —y son tal vez más numerosos de lo que generalmente se supone— no necesitan transformación; son visionarios todo el tiempo. La especie mental a la que Blake pertenecía está muy difundida, hasta en las sociedades urbanas-industriales de nuestros días. El carácter único del poeta-artista no consiste en el hecho —para citar su *Catálogo descriptivo*— de que *veía* realmente "esos maravillosos originales llamados el Querubín en las Sagradas Escrituras". No consiste en el hecho de que "estos maravillosos originales percibidos en mis visiones eran a veces de cien pies de estatura… todos con un significado mitológico y recóndito". Consiste únicamente en la capacidad de este hombre para expresar, en palabras o, de manera algo menos lograda, en línea y color, alguna indicación por lo menos de una experiencia no extraordinariamente desusada. El visionario sin talento puede percibir una realidad interior no menos tremenda, hermosa y significativa que el mundo contemplado por Blake, pero carece totalmente de la capacidad de expresar, en símbolos literarios o plásticos, lo que ha visto.

Resulta manifiesto de las constancias religiosas y de los monumentos sobrevivientes de la poesía y las artes plásticas que, en la mayoría de los tiempos y lugares, los hombres han atribuido más importancia al paisaje interior que a las existencias objetivas y han atribuido a lo que veían con los ojos cerrados una significación espiritualmente más alta que a lo que veían con los ojos abiertos. ¿La razón? La familiaridad engendra el desdén y el cómo sobrevivir es un problema cuya urgencia va de lo crónicamente tedioso al auténtico tormento. El mundo exterior es aquello a lo que nos despertamos cada mañana de nuestras vidas, es el lugar donde, nos guste o no, tenemos que esforzarnos por vivir. En el mundo interior no hay en cambio ni trabajo ni monotonía. Lo visitamos únicamente en sueños o en la meditación, y su maravilla es tal que nunca encontramos el mismo mundo en dos sucesivas ocasiones. ¿Cómo puede extrañar entonces que los seres humanos, en su busca de lo divino, hayan preferido generalmente mirar hacia adentro? Generalmente, pero no siempre. En su arte, del mismo modo que en su religión, los taoístas y los budistas Zen miraban, más allá de las visiones, al Vacío y, a través del Vacío, a las diez mil cosas de la realidad objetiva. A causa de su doctrina del Verbo hecho carne, los cristianos hubieran debido ser capaces, desde el principio, de adoptar una actitud análoga frente al universo que los rodeaba. Pero, como consecuencia de la doctrina del Pecado, les resultaba muy difícil hacer una cosa así. En fecha relativamente tan reciente como hace treinta años, resultaba ortodoxa y comprensible una expresión de total negación del mundo y hasta de su condenación. "Nada nos debe asombrar en la Naturaleza, con la sola excepción de la Encarnación de Cristo." En el siglo XVII, la frase de Lallemant parecía tener sentido. Hoy, suena a locura.

La elevación de la pintura de paisajes al rango de forma de arte mayor se produjo en China hace unos mil años, en Japón hace unos seiscientos y en Europa hace unos trescientos. La ecuación del Dharma-Cuerpo con el seto fue formada por esos Maestros Zen que unieron el naturalismo taoísta con el trascendentalismo budista. Fue, por tanto, únicamente en el Lejano Oriente donde los paisajistas consideraron conscientemente su arte como religioso. En Occidente, la pintura religiosa consistía en retratar a santos personajes, en ilustrar textos sagrados. Los paisajistas se consideraban a sí mismos artistas del siglo. Hoy reconocemos en Seurat a uno de los supremos maestros de lo que podría ser llamado pintura mística de paisajes. Y, sin embargo, este hombre que fue capaz, más efectivamente que cualquier otro, de expresar lo Uno en los muchos, se indignaba cuando alguien lo alababa por la "poesía" de su trabajo. "Yo me limito a aplicar el Sistema", protestaba. En otros términos, era meramente un *pointilliste* y, a sus propios ojos, nada más. Se cuenta una anécdota análoga de John Constable. Hacia el fin de su vida, Blake conoció a Constable en Hampstead y contempló uno de los bocetos del joven artista. A pesar de su desdén por el arte naturalista, el anciano visionario advertía algo bueno cuando lo veía, salvo, desde luego, si se trataba de Rubens. "Esto no es dibujo; esto es inspiración", exclamó. "Yo he tratado de que sea dibujo", fue la característica respuesta de Constable. Los dos hombres tenían razón. *Era* dibujo, preciso y veraz, y *era* al mismo tiempo inspiración, inspiración de un orden tan alto por lo menos como el de Blake. Los pinos del Heath habían sido vistos verdaderamente como identificados con el Dharma-Cuerpo. El boceto era una expresión, necesariamente imperfecta, pero aun así profundamente impresionante, de lo que una percepción purificada había revelado a los ojos abiertos de un gran pintor. De una contemplación según la tradición de Wordsworth y Whitman, del Dharma-Cuerpo como seto y de visiones, como las de Blake, de los "originales maravillosos" dentro del espíritu, los poetas contemporáneos se han retirado a una investigación de lo subconsciente personal —como opuesto a lo más que personal—, y a una expresión, en términos sumamente abstractos, no del hecho dado objetivo, sino de meras nociones científicas y teológicas. Y algo parecido ha sucedido en el campo de la pintura. Aquí hemos presenciado un abandono general del paisaje, la forma artística predominante en el siglo XIX. Este abandono del paisaje no ha sido para pasar a eso otro, Dato divino interior, a que se han dedicado la mayoría de las escuelas tradicionales del pasado; a ese Mundo Arquetípico donde los hombres han hallado siempre las materias primeras del mito y de la religión. No, ha sido un paso, del Dato exterior a lo subconsciente personal, a un mundo mental más escuálido y más herméticamente cerrado inclusive que el mundo de la personalidad consciente. ¿Dónde había visto yo antes estas vulgares chucherías de hojalata y materias plásticas? En cualquiera de las galerías que exponen lo último en arte no representativo.

Y ahora alguien trajo un fonógrafo y puso un disco en la placa giratoria. Escuché con placer, pero no experimenté nada comparable a los apocalipsis de flores y franela que había visto. ¿Podrá oír un músico naturalmente dotado las revelaciones que fueron para mí exclusivamente visuales? Sería interesante hacer el experimento. Pero, aunque no transfigurada, aunque reteniendo su cualidad y su intensidad normales, la música contribuyó no poco a mi comprensión de lo que me había sucedido y de los grandes problemas que los sucesos habían planteado.

De modo curioso, la música instrumental me dejaba frío. El Concierto para Piano en Do Menor de

Mozart fue interrumpido después del primer movimiento y reemplazado por los discos de unos madrigales de Gesualdo.

—Esas voces... —comenté con agrado—. Esas voces... Son una especie de puente que devuelve al mundo humano.

Y continuaron siendo un puente hasta cantando la más alarmantemente cromática de las composiciones del príncipe loco. A lo largo de las desiguales frases de los madrigales, la música siguió su curso, sin atenerse a la misma clave en dos compases seguidos. En Gesualdo, ese fantástico personaje de un melodrama de Webster, la desintegración psicológica había exagerado y llevado al extremo una tendencia inherente a la música modal, como opuesta a la plenamente tónica. Las obras resultantes sonaban como si hubieran sido escritas por el posterior Schönberg.

—Y sin embargo... —me sentí obligado a decir, mientras escuchaba estos extraños productos de una psicosis de la Contrarreforma trabajando sobre una tardía forma artística medieval—. Sin embargo, no importa que esté totalmente en pedazos. Todo está desorganizado. Pero cada fragmento individual está en orden, es un representante de un Orden Superior. El Orden Superior prevalece hasta en la desintegración. La totalidad está presente hasta en los pedazos rotos. Más claramente presente tal vez que en una obra completamente coherente. Por lo menos, no se nos crea una sensación de falsa seguridad con un orden meramente humano, meramente fabricado. Por ello, en cierto sentido, la desintegración puede tener sus ventajas. Aunque, desde luego, es peligroso, terriblemente peligroso...

De los madrigales de Gesualdo pasamos, en un salto de tres siglos, a Alban Berg y la *Serie Lírica*.

—Esto va a ser un infierno —anuncié.

Pero, según se vio, me equivoqué. En realidad, la música parecía casi cómica. Sacada del fondo del subconsciente personal, la angustia sucedió a la angustia de doce tonos, pero lo que me impresionaba era únicamente la esencial incongruencia entre una desintegración psicológica todavía más completa que la de Gesualdo y los prodigiosos recursos, en talento y técnica, empleados para su expresión.

—¡Qué pena se está dando a sí mismo! —comenté con una burlona falta de simpatía—. *Katzenmusik*, una *Katzenmusik* erudita. —Y finalmente, después de unos cuantos minutos más de zozobra—: ¿A quién le importa lo que siente? ¿Por qué no se dedica a otra cosa?

Como crítica de lo que indudablemente era una obra muy notable, mis palabras resultaban injustas e impropias, pero no, a mi juicio, ajenas al asunto. Las cito en lo que valen y porque es así como reaccioné, en un estado de pura contemplación, ante la *Serie Lírica*.

Cuando terminó la música, el investigador propuso un paseo por el jardín. Acepté y, aunque mi cuerpo parecía haberse disociado casi por completo de mi mente —o, para ser más exacto, aunque mi conciencia del transfigurado mundo exterior no estaba ya acompañada por una conciencia de mi organismo físico—, conseguí levantarme, abrir la puerta ventana y salir con sólo un mínimo de vacilación. Era curioso, desde luego, sentir que "Yo" no era el mismo que estos brazos y piernas de "ahí afuera", que todo este conjunto objetivo de tronco, cuello y hasta cabeza. Era curioso, pero pronto se quedaba acostumbrado a ello. Y, de uno u otro modo, el cuerpo parecía perfectamente capaz de mirar por sí mismo. Claro está que, en realidad, siempre sabe cuidarse. Todo lo que el ego consciente puede hacer es formular deseos, realizados luego por fuerzas a las que apenas gobierna y a las que no comprende en absoluto. Cuando hace algo más —cuando, por ejemplo, se empeña en algo, se preocupa, siente aprensión por lo futuro—, disminuye la efectividad de estas fuerzas y hasta puede ser causa de que el desvitalizado cuerpo caiga enfermo. En mi estado presente, la conciencia no se refería a un ego; estaba, por decirlo así, en sí misma. Esto significaba que la inteligencia fisiológica que gobierna al organismo también se sentía autónoma. Por el momento, el neurótico entremetido que, en las horas de vigilia, trata de dirigir el espectáculo quedaba, por suerte, al margen.

Desde la puerta ventana me dirigí a una especie de pérgola cubierta en parte por un rosal trepador y en parte por listones de una pulgada de ancho, con media pulgada de espacio entre ellos. Brillaba el sol y las sombras de los listones formaban un dibujo de cebra en el piso y en el asiento y el respaldo de la silla de jardín que se hallaba al fondo de la pérgola. Esta silla... ¿la olvidaré alguna vez? Allí donde las sombras caían sobre la lona de la tapicería, las franjas de un añil a la vez profundo y brillante alternaban con otras de una incandescencia tan intensa que era difícil creer que no estuvieran hechas de fuego azul. Durante un lapso que pareció inmensamente largo, miré sin saber, inclusive sin desear saber, lo que tenía delante. En cualquier otro momento hubiera visto una silla con alternadas franjas de luz y de sombra. Hoy, el percepto se había tragado al concepto. Yo estaba tan completamente absorbido por el mirar, tan fulminado por lo que realmente veía, que no podía darme cuenta de ninguna otra cosa. Muebles de jardín, listones, luz de sol, sombras... Todas estas cosas no eran más que nombres y nociones, meras verbalizaciones, para propósitos utilitarios y científicos, después del suceso. El suceso era esta sucesión de bocas de azulados hornos, separadas por golfos de insondable genciana. Era algo indescriptiblemente maravilloso, hasta el punto de ser casi aterrador. Y de pronto tuve una vislumbre de lo que se debe sentir cuando se está loco. La esquizofrenia tiene sus paraísos, del mismo modo que sus infiernos y sus purgatorios, y recuerdo lo que un viejo amigo, muerto años ha, me dijo acerca de su mujer loca. Un día, en las primeras fases de la enfermedad, cuando la desgraciada tenía todavía intervalos lúcidos, mi amigo había ido al hospital para hablarle de los hijos. Ella lo escuchó un rato, pero lo interrumpió de golpe. ¿Cómo podía perder el tiempo hablando de un par de chiquillos ausentes cuando todo lo que realmente importaba, aquí y ahora, era la indescriptible belleza de los dibujos que formaba, en su chaqueta de mezclilla de color castaño, cada vez que movía los brazos? Pero, ay, no iba a durar este paraíso de percepción purificada, de contemplación unilateral sin mácula. Las bienaventuradas treguas se hicieron cada vez más raras y breves, hasta que finalmente desaparecieron y sólo quedó el horror.

La mayoría de los tomadores de mescalina experimentan únicamente la parte celestial de la esquizofrenia. La droga sólo procura infierno y purgatorio a quienes han padecido recientemente una ictericia o son víctimas de depresiones periódicas o ansiedad crónica. Si, como las otras drogas de poder remotamente comparable, la mescalina fuera notoriamente tóxica, tomarla sería suficiente, por sí mismo, para causar ansiedad. Pero la persona razonablemente sana sabe por adelantado que, en lo que a ella se refiere, la mescalina es completamente inocua, que sus efectos pasan al cabo de ocho o diez horas, sin dejar rastros y, por consiguiente, deseos de renovar la dosis. Fortificado por este conocimiento, se embarca en el experimento sin miedo, es decir, sin ninguna predisposición a convertir una experiencia excepcionalmente extraña y poco humana en algo espantoso, en algo verdaderamente diabólico.

Ante una silla que parecía el Juicio Final o, para ser más exactos, ante un Juicio Final que, al cabo de mucho tiempo y con seria dificultad, reconocí como una silla, me vi de pronto en los lindes del pánico. Tuve bruscamente la impresión de que el asunto estaba yendo demasiado lejos. Demasiado lejos, aunque fuera una ida hacia una belleza más intensa, hacia un significado más profundo. El miedo, según lo advierto al analizarlo en retrospectiva, era a quedar aplastado, a desintegrarme bajo la presión de una realidad más poderosa de la que una inteligencia, hecha a vivir la mayor parte del tiempo en el cómodo mundo de los símbolos, podía soportar. La literatura de la experiencia religiosa abunda en referencias a aflicciones y terrores que abruman a quienes se han visto, demasiado bruscamente, ante alguna manifestación del *mysterium tremendum*. En lenguaje teológico, este miedo es debido a la incompatibilidad entre el egotismo del hombre y la divina pureza, entre el apartamiento autoagravado del hombre y la infinitud de Dios. Con Böhme y William Law, podríamos decir que, para las almas no regeneradas, la divina Luz en todo su esplendor sólo puede ser sentida como un fuego quemante, de purgatorio. Se halla una doctrina casi idéntica en *El Libro Tibetano de los Muertos*, donde se describe el alma del difunto como huyendo angustiada de la Clara Luz del Vacío y hasta de Luces menores y mitigadas, para lanzarse de cabeza a la confortadora oscuridad del sí mismo, como ser humano renacido o hasta como animal, infeliz espectro o habitante del infierno. Cualquier cosa antes que el brillo abrasador de la Realidad sin mitigaciones. ¡Cualquier cosa!

El esquizofrénico es un alma, no solamente no regenerada, sino además desesperadamente enferma. Su enfermedad consiste en su incapacidad para escapar de la realidad interior y exterior y refugiarse —como lo hace habitualmente la persona sana— en el universo de fabricación casera del sentido común, en el mundo estrictamente humano de las nociones útiles, los símbolos compartidos y las convenciones socialmente aceptables. El esquizofrénico es como un hombre que está permanentemente bajo la influencia de la mescalina y que, por tanto, no puede rechazar la experiencia de una realidad con la que no puede convivir porque no es lo bastante santo, que no puede explicar porque se trata del más innegable y porfiado de los hechos primarios y que, al no permitirle nunca mirar al mundo con ojos meramente humanos, le asusta hasta el punto de hacerle interpretar su inflexible esquivez, su abrasadora intensidad de significado, como manifestaciones de malevolencia humana o hasta cósmica, de malevolencia que reclama las más desesperadas reacciones, desde la violencia asesina, en un extremo de la escala, hasta la catatonía, o suicidio psicológico, en el otro. Y una vez que nos lanzamos por la infernal cuesta abajo, ya no hay modo de que nos detengamos. Esto resultaba ahora evidentísimo.

—Si se emprendiera la marcha por el mal camino —dije, contestando a las preguntas del investigador—, cuanto sucediera sería una prueba de la conspiración de que se es víctima. Todo se justificaría a sí mismo. No se podría suspirar sin saberlo parte de la conspiración.

—Entonces, ¿usted cree saber dónde se encuentra la locura?

Contesté con un "Sí" rotundo y muy sentido.

—¿Y no podría usted dominarla?

—No, no podría dominarla. Si se empieza con el miedo y el odio como premisa mayor, hay que ir hasta la conclusión.

—¿No podrías —me preguntó mi mujer— fijar tu atención en lo que *El Libro Tibetano de los Muertos* llama la Clara Luz?

Vacilé.

—¿Mantendrías alejado al mal, si pudieras fijarla? ¿O es que no podrías fijarla?

Medité un rato sobre la pregunta.

—Tal vez pudiera fijarla —contesté al fin—, pero únicamente si hubiera alguien que me hablara de la Clara Luz. No habría modo de hacerlo por sí mismo. Ése es el sentido, supongo, del ritual tibetano: alguien que esté ahí sentado todo el tiempo y diciéndonos qué es qué.

Después de escuchar las grabaciones de esta parte del experimento, tomé mi ejemplar de la edición Evans-Wentz de *El Libro Tibetano de los Muertos* y lo abrí al azar. "¡Oh, tú, de alta cuna, no permitas que tu mente se perturbe!" Ése era el problema: permanecer sereno. No dejarse perturbar por el recuerdo de los pecados cometidos, por el placer imaginado, por el amargo dejo de antiguos errores y humillaciones, por todos los miedos, odios y ansias que ordinariamente eclipsan la luz. ¿No podría hacer el moderno psiquiatra por los locos lo que aquellos monjes budistas hacían por los moribundos y los muertos? Que haya una voz que les asegure, de día y hasta cuando estén durmiendo, que, a pesar de todo el terror, de todas las perplejidades y confusiones, la Realidad última sigue siendo inmutablemente ella misma y es de la misma sustancia que la luz interior de la mente más cruelmente atormentada. Por medio de discos, conmutadores con mecanismos de relojería, sistemas de alocuciones colectivas y discursos de cabecera sería muy fácil mantener constantemente al tanto de este hecho primordial a los enfermos de inclusive una institución con escaso personal. Cabe que unas cuantas de estas almas perdidas pudieran así conquistar cierto dominio sobre el universo —a un mismo tiempo hermoso y aterrador, pero siempre no humano, siempre totalmente incomprensible— en el que se ven condenadas a vivir.

No demasiado pronto, desde luego, fui apartado de los inquietantes esplendores de mi silla de jardín. En verdes parábolas que bajaban del seto, las hiedras brillaban con una especie de radiación cristalina, parecida al jade. Un momento después, un grupo de *Kniphofia uvaria* rojas, en plena floración, hizo explosión ante mis ojos. Estaban tan apasionadamente vivas que se hubiera dicho que iban a hablar, a pronunciarse, con las flores lanzadas derechamente hacia lo azul. Como la silla bajo los listones, protestaban demasiado. Bajé la vista hacia las hojas y descubrí un cavernoso embrollo de las más delicadas luces y sombras verdes, latientes de indescifrable misterio.

Rosas:
Las flores son fáciles de pintar;
Difíciles las hojas.

El *haiku* de Shiki —que cito con la traducción de F. H. Blyth— expresa, de manera indirecta, exactamente lo que yo entonces sentía: la excesiva y demasiado evidente gloria de las flores, en contraste con el milagro más sutil de su follaje.

Salimos a la calle. Se hallaba junto a la vereda un gran automóvil de color azul pálido. Al verlo, me sentí repentinamente movido a risa. ¡Qué complacencia y qué absurdo engreimiento irradiaban las combadas superficies de lustrosísimo esmalte! El hombre había creado la cosa a su propia imagen o, mejor dicho, a la imagen de su personaje favorito en la novela. Me reí hasta que me saltaron las lágrimas.

Volvimos a la casa. Se había preparado una colación. Alguien, que no era todavía idéntico conmigo, cayó sobre ella con voraz apetito. Desde lejos y sin mucho interés, miré.

Terminada la colación, subimos al coche para dar un paseo. Los efectos de la mescalina estaban ya en declinación, pero las flores de los jardines se hallaban todavía en los lindes de lo sobrenatural y los pimenteros y algarrobos de las calles laterales pertenecían de modo manifiesto a alguna sagrada arboleda. El Edén alternaba con Dodona, Iggdrasil con la Rosa mística. Y en esto, bruscamente, nos vimos en una intersección, a la espera de cruzar el Bulevar de Poniente. Delante de nosotros, los coches desfilaban en una corriente continua; eran miles, todos brillantes y relucientes como sueño de anunciante y cada uno de ellos más ridículo que el anterior. De nuevo me desternillé de risa.

El Mar Rojo del tránsito se abrió finalmente y lo cruzamos para pasar a otro oasis de árboles, céspedes y rosas. A los pocos minutos estábamos en un punto ventajoso de las alturas y teníamos a la ciudad extendida a nuestros pies. Resultaba decepcionante, pues se parecía mucho a la ciudad que había visto en otras ocasiones. En lo que a mí se refería, la transfiguración era proporcional a la distancia. Cuanto más cercana la cosa, más divinamente otra. Este vasto y confuso panorama apenas era diferente de sí mismo.

Seguimos el paseo en automóvil y, mientras permanecimos en las alturas, con una vista distante sucediendo a otra vista distante, el significado estuvo al nivel de todos los días, muy por debajo del punto de transfiguración. La magia comenzó a actuar de nuevo cuando bajamos, entramos en otro suburbio y desfilamos entre dos hileras de casas. Aquí, a pesar de la peculiar fealdad de la arquitectura, había reanudaciones de la alteración trascendental, indicios del paraíso matutino. Las chimeneas de ladrillo y los verdes tejados de compuestas tejas brillaban al sol como fragmentos de la Nueva Jerusalén. Y vi de pronto lo que Guardi había visto y expresado tantas veces —¡con qué incomparable maestría!— en sus cuadros: una pared de estuco con una sombra al sesgo; una pared sin adorno alguno, pero inolvidablemente hermosa; vacía, pero cargada con todo el significado y el misterio de la existencia. La Revelación alboreó y se fue de nuevo en la fracción de un segundo. El automóvil había continuado su marcha; el tiempo estaba descubriendo otra manifestación de la eterna Identidad. "Dentro de la igualdad hay diferencia. Pero que la diferencia sea diferente de la igualdad no es en modo alguno la intención de todos los Budas. Su intención es tanto la totalidad como la diferenciación." Este macizo de geranios rojos y blancos, por ejemplo, era totalmente distinto de la pared de estuco que quedaba cien metros cuesta arriba. Pero la "ser-encia" de las dos cosas era la misma; la eterna cualidad de su transitoriedad era la misma.

Una hora después, con diez millas más y la visita a la Mayor Droguería del Mundo a salvo detrás de nosotros, estábamos de nuevo en casa y yo había vuelto a ese tranquilizador aunque muy poco satisfactorio estado que conocemos como "estar en sus cabales".

Parece muy improbable que la humanidad en libertad pueda alguna vez dispensarse de los Paraísos Artificiales. La mayoría de los hombres y mujeres llevan vidas tan penosas en el peor de los casos y tan monótonas, pobres y limitadas en el mejor que el afán de escapar, el ansia de trascender de sí mismo aunque sólo sea por breves momentos es y ha sido siempre uno de los principales apetitos del alma. El arte y la religión, los carnavales y las saturnales, el baile y el escuchar la oratoria son cosas que han servido, para emplear la frase de H. G. Wells, de Puertas en el Muro. Y para el uso privado y cotidiano, siempre existieron los tóxicos químicos. Los sedantes y narcóticos vegetales, los eufóricos que crecen en los árboles y los alucinógenos que maduran en las bayas o pueden ser exprimidos de las raíces han sido conocidos y utilizados sistemáticamente, todos, sin excepción, por los seres humanos desde tiempo inmemorial. Y a estos modificadores naturales de la conciencia, la ciencia moderna ha añadido su cuota de sintéticos: por ejemplo, el cloral, la bencedrina, los bromuros y los barbitúricos. La mayoría de estos modificadores de conciencia no pueden ser tomados actualmente si no es por orden del médico o ilegalmente y con grave riesgo. Occidente sólo permite el uso sin trabas del alcohol y del tabaco. Las demás Puertas químicas en el Muro se califican de tóxicos y quienes las toman sin autorización son Viciosos.

Gastamos actualmente en bebidas y tabaco más de lo que gastamos en educación. Esto, desde luego, no es sorprendente. El afán de escapar de sí mismo y del ambiente se halla en la mayoría de nosotros casi todo el tiempo. El deseo de hacer algo por los niños es fuerte únicamente en los padres y sólo durante los pocos años en que sus hijos van a la escuela. Tampoco puede sorprender la actitud corriente frente al alcohol y el tabaco. A pesar del creciente ejército de los alcohólicos sin remedio, a pesar de los cientos de miles de personas muertas o incapacitadas cada año por conductores borrachos, los comediantes siguen haciéndonos reír con sus bromas acerca de los aficionados a empinar el codo. Y a pesar de las pruebas que relacionan el cigarrillo con el cáncer del pulmón, prácticamente apenas hay personas que no consideren que el fumar es casi tan normal como el comer. Desde el punto de vista del racionalista utilitario esto puede parecer extraño. Para el historiador es exactamente lo que cabía esperar. La firme convicción de la realidad material del Infierno nunca impidió a los cristianos medievales hacer lo que su ambición, su lujuria o su codicia les reclamaba. El cáncer de pulmón, los accidentes de tránsito y los millones de alcohólicos miserables y transmisores de miseria son hechos todavía más ciertos de lo que era en tiempos de Dante el hecho del Infierno. Pero todos ellos son hechos remotos e insustanciales al lado del hecho próximo y muy sentido del ansia, aquí, ahora, de un alivio, de un sedante, de un trago o un cigarrillo.

Nuestra edad es la edad, entre otras cosas, del automóvil y de la población en impresionante aumento. El alcohol es incompatible con la seguridad en las carreteras y su producción, como la del tabaco, condena a virtual esterilidad a millones de hectáreas del suelo más fértil. Los problemas planteados por el alcohol y el tabaco no pueden ser resueltos, sobra decirlo, por la prohibición. El afán universal y permanente de autotrascendencia no puede ser abolido cerrando de golpe las más populares Puertas del Muro. La única acción razonable es abrir puertas mejores, con la esperanza de que hombres y mujeres cambien sus viejas malas costumbres por hábitos nuevos y menos dañosos. Algunas de estas puertas mejores podrán ser de naturaleza social y tecnológica, otras religiosas o psicológicas, y otras más dietéticas, educativas o atléticas. Pero subsistirá indudablemente la necesidad de tomarse frecuentes vacaciones químicas del intolerable sí mismo y del repulsivo ambiente. Lo que hace falta es una nueva droga que alivie y consuele a nuestra doliente especie sin hacer a la larga más daño del bien que hace a la corta. Una droga así tiene que ser poderosa en muy pequeñas dosis y sintetizable. Si no posee estas cualidades, su producción, como la del vino, la cerveza, los licores y el tabaco, dificultará el cultivo de los alimentos y fibras indispensables. Debe ser menos tóxica que el opio o la cocaína, tener menos probabilidades que el alcohol o los barbitúricos de producir consecuencias sociales desagradables y hacer menos daño al corazón y los pulmones que los alquitranes y la nicotina del tabaco. Y, en el lado positivo, debe producir cambios en la conciencia que sean más interesantes e intrínsecamente valiosos que el mero alivio o la mera ensoñación, que ilusiones de omnipotencia o escapes a la inhibición.

Para la mayoría, la mescalina es casi completamente inocua. En contraste con el alcohol, no lleva a quien la toma a esa especie de acción sin trabas que se traduce en riñas, crímenes de violencia y accidentes de tránsito. Un hombre bajo la influencia de la mescalina se dedica tranquilamente a sus propios asuntos. Además, los asuntos que le interesan constituyen una experiencia de lo más instructiva, que no debe ser pagada luego —esto es muy importante— por secuelas compensadoras. De las consecuencias a la larga para quien toma regularmente mescalina sabemos muy poco. Los indios que consumen capullos de peyotl no parecen física o moralmente degradados por el hábito. Sin embargo, las pruebas de que disponemos son escasas e incompletas.[2]

_____

[2] En su monografía *Menomini Peyotism*, publicada (diciembre, 1952) en las Actas de la American Philosophical Society, el profesor J. S. Slotkin ha escrito: "No parece que el uso habitual del peyotl produzca un aumento en la tolerancia o dependencia. Sé de muchas personas que han sido peyotlistas durante cuarenta o cincuenta años. La cantidad de peyotl que utilizan depende de la solemnidad de la ocasión; en general, no toman ahora más peyotl del que tomaban hace años. Por otra parte, hay a veces un intervalo de un mes o más entre los

Aunque evidentemente superior a la cocaína, el opio, el alcohol y el tabaco, la mescalina no es todavía la droga ideal. Junto a la felizmente transfigurada mayoría de tomadores de mescalina, hay una minoría para la que la droga representa únicamente un infierno o un purgatorio. Además, como droga que, del mismo modo que el alcohol, debe ser de consumo general, sus efectos duran demasiado tiempo. Pero la química y la fisiología son prácticamente en nuestros días capaces de cualquier cosa. Si los psicólogos y sociólogos definen el ideal, tengamos la seguridad de que neurólogos y farmacólogos

---

ritos y pasan todo este tiempo sin tomar peyotl ni sentir deseos de él. Personalmente, después de una serie de ritos a lo largo de cuatro semanas sucesivas, ni aumenté la cantidad de peyotl consumido ni sentí una necesidad continua de tomarlo". Hay evidentemente buenas razones para que "el peyotl nunca haya sido declarado un narcótico" y para que "su uso no haya sido prohibido por el Gobierno federal". Sin embargo, "durante la larga historia de los contactos entre indios y blancos, las autoridades blancas han tratado generalmente de suprimir el uso del peyotl, por haberlo considerado una violación de sus propias costumbres", si bien "estos intentos han fracasado siempre". En una nota, el doctor Slotkin añade: "Es asombroso oír las fantásticas historias sobre los efectos del peyotl y la naturaleza del ritual que cuentan las autoridades blancas y las indias católicas en la Reducción de Menomini. Ninguna de estas personas ha tenido la menor experiencia directa con la planta o la religión, pero algunas de ellas se imaginan que están muy al tanto y escriben informes oficiales sobre el tema".

descubrirán el modo de que alcancemos este ideal o, por lo menos —porque es posible que este ideal, por su misma naturaleza, no pueda ser nunca plenamente realizado—, nos acerquemos a él más que con beber vino como en tiempos pasados y con beber whisky, fumar marihuana o tomar barbitúricos como ahora.

El afán de trascender del autoconsciente es, como he dicho, un principal apetito del alma. Cuando, por una razón cualquiera, los hombres y las mujeres no logran trascender de sí mismos por medio del culto, las buenas obras y los ejercicios espirituales, se sienten inclinados a recurrir a los sustitutivos químicos de la religión: el alcohol y las "píldoras" en el moderno Occidente, el alcohol y el opio en el Este, el hachís en el mundo mahometano, el alcohol y la marihuana en la América Central, el alcohol y la coca en los Andes y el alcohol y los barbitúricos en las regiones más al día de la América del Sur. En *Poisons Sacrés, Ivresses Divines*, Philippe de Félice ha escrito con detenimiento y mucha documentación acerca de la inmemorial relación entre la religión y la toma de drogas. He aquí, resumidas o en cita directa, sus conclusiones. El empleo para fines religiosos de sustancias tóxicas está "extraordinariamente difundido". "Las prácticas estudiadas en este volumen pueden ser observadas en todas las regiones del mundo, lo mismo entre los primitivos que entre los que han alcanzado un alto grado de civilización. Estamos, por tanto, no ante hechos excepcionales, que podrían con justificación ser pasados por alto, sino ante un fenómeno general y, en el más amplio sentido de la palabra, un fenómeno humano, la clase de fenómeno que no puede ser desdeñada por nadie que trate de descubrir lo que es la religión y las hondas necesidades que la religión debe satisfacer."

Idealmente, todos deberían ser capaces de hallar la autotrascendencia en alguna forma de religión pura o aplicada. En la práctica, parece muy improbable que esta esperada consumación pueda ser realizada alguna vez. Hay, y siempre indudablemente habrá, buenos hombres y buenas mujeres de iglesia para quienes, por desgracia, la piedad no es bastante. El extinto G. K. Chesterton, que escribía del beber tan líricamente por lo menos como de la devoción, puede servirles de muy elocuente vocero.

Las Iglesias modernas, con algunas excepciones entre las sectas protestantes, toleran el alcohol, pero ni la más tolerante ha intentado nunca convertir el estimulante al Cristianismo o sacramentar su uso. El bebedor piadoso se ve obligado a poner su religión en un compartimiento y su sustitutivo de la religión en otro. Y tal vez sea esto inevitable. El beber no puede ser sacramentado, salvo en religiones que no dan valor al decoro. El culto de Dionisos o del dios celta de la cerveza era cosa grosera y desordenada. Los ritos del Cristianismo son incompatibles hasta con la embriaguez religiosa. Esto no daña a los vinateros y licoristas, pero es muy malo para el Cristianismo. Son innumerables las personas que desean la autotrascendencia y que se alegrarían de encontrarla en la Iglesia. Pero, ay, "las hambrientas ovejas levantan la vista y no son alimentadas". Participan en los ritos, escuchan los sermones y repiten las oraciones, pero su sed queda sin satisfacer. Decepcionadas, se vuelven hacia la botella. Durante un tiempo por lo menos, y en cierto modo, esto les da resultado. Cabe todavía asistir a la iglesia, pero esto no es más que el Banco Musical del *Erewhon* de Butler. Cabe todavía reconocer a Dios, pero es un Dios meramente verbal, un Dios estrictamente al estilo Pickwick. El objeto efectivo del culto es la botella y la única experiencia religiosa es ese estado de euforia sin trabas y beligerante que sigue a la ingestión del tercer cóctel.

Vemos, pues, que el Cristianismo y el alcohol no se mezclan ni pueden mezclarse. El Cristianismo y la mescalina parecen mucho más compatibles. Esto ha sido demostrado por muchas tribus de indios, desde Texas hasta tan al norte como Wisconsin. Entre estas tribus, hay grupos afiliados a la Iglesia Norteamericana Indígena, una secta cuyo rito principal es una especie de Ágape o Fiesta de Amor al estilo de los primeros cristianos, donde las rodajas de peyotl ocupan el lugar del pan y el vino sacramentales. Estos indígenas norteamericanos consideran al cacto un don especial de Dios a los indios y a sus efectos una equivalencia de la obra del divino Espíritu.

El profesor J. S. Slotkin —uno de los pocos blancos que han participado en los ritos de una congregación peyotlista— dice al hablar de sus compañeros de secta: "Desde luego, no quedan pasmados o borrachos... Nunca pierden el compás o farfullan al hablar, como lo haría un hombre bebido o pasmado... Todos se muestran serenos, corteses y considerados con los demás. Yo no he visto un templo de blancos donde haya tanta religiosidad y tanto decoro". ¿Y podemos preguntar qué experimentan estos devotos y corteses peyotlistas? No esa muy mitigada sensación de virtud que sostiene por lo general al que va a la iglesia los domingos durante noventa minutos de aburrimiento. Tampoco esos altos sentimientos, inspirados por la meditación sobre el Creador y Redentor, sobre el Juez y Confortador, que animan a la persona realmente piadosa. Para estos indígenas norteamericanos, la experiencia religiosa es algo más directo e inspirador, más espontáneo, menos el producto casero de una mente superficial y falta de naturalidad. A veces —según los datos reunidos por el doctor Slotkin— tienen visiones, que pueden ser el mismo Cristo. A veces oyen la voz del Espíritu Santo. A veces tienen conciencia de la presencia de Dios y de esos defectos personales que deben ser corregidos, si ha de hacerse la divina voluntad. Las consecuencias prácticas de estas puertas químicas que se abren al Otro Mundo parecen ser totalmente buenas. El doctor Slotkin dice que los peyotlistas habituales son por lo general más despiertos, más moderados —algunos de ellos se abstienen por completo del alcohol— y más pacíficos que los no peyotlistas. Un árbol con frutos tan satisfactorios no puede ser condenado a la ligera.

Al sacramentar el uso del peyotl, los indios de la Iglesia Norteamericana Indígena han hecho una cosa que es psicológicamente acertada e históricamente respetable. En los primeros siglos del Cristianismo fueron bautizados muchos ritos y fiestas paganos, es decir, se los puso al servicio de la Iglesia. Estos jolgorios no resultaban muy edificantes, pero calmaban una especie de hambre psicológica y, en lugar de empeñarse en suprimirlos, los primeros misioneros tuvieron el buen acuerdo de aceptarlos como lo que eran —expresiones gratas al alma de impulsos fundamentales—, y de incorporarlos a la contexta de la nueva religión. Lo que han hecho los indígenas norteamericanos es esencialmente análogo. Han tomado una costumbre pagana —una costumbre, dicho sea de paso, mucho más noble e inspiradora que la mayoría de las brutales francachelas y mojigangas que fueron tomadas del paganismo europeo—, y le dieron una significación cristiana.

Aunque introducidos muy recientemente en los Estados Unidos septentrionales, el hábito de tomar peyotl y la religión basada en él se han convertido en importantes símbolos del derecho del Piel Roja a la independencia espiritual. Algunos indios han reaccionado ante la supremacía blanca norteamericanizándose y otros retirándose a un indigenismo tradicional. Pero otros más han intentado sacar el mejor partido posible de los dos mundos o, en realidad, de todos los mundos: del Indigenismo, del Cristianismo y de esos Otros Mundos de experiencia trascendental, donde el alma se advierte a sí misma no condicionada y del mismo natural que lo divino. De esto ha surgido la Iglesia Norteamericana Indígena. En ella, dos grandes apetitos del alma —el afán de independencia y autodeterminación y el afán de autotrascendencia— se fusionaron con un tercero, a cuya luz fueron interpretados: el afán de adoración, de justificar los modos de Dios con el hombre, de explicar el universo por medio de una teología coherente.

Ved al indio mísero, cuya alma sin tutela
por delante tan sólo le cubre con su tela.

Pero, en la realidad, somos nosotros, los ricos y muy educados blancos, los que andamos con el trasero al aire. Nos cubrimos por delante con alguna filosofía —cristiana, marxista, freudiana-física—, pero por detrás andamos al aire, a merced de los vientos de las circunstancias. El mísero indio, en cambio, ha tenido el ingenio de proteger su trasero complementando la hoja de parra de una teología con el taparrabos de la experiencia trascendental.

No soy tan insensato como para equiparar lo que sucede bajo la influencia de la mescalina o de cualquier otra droga, preparada ya o que se prepare en lo futuro, con la realización del fin último y definitivo de la vida humana: el Esclarecimiento, la Visión Beatífica. Yo me limito a decir que la experiencia con la mescalina es lo que los teólogos católicos llaman una "gracia gratuita", no necesaria para la salvación, pero que puede ayudar a ella y debe ser aceptada con agradecimiento, si es que llegamos a recibirla. Ser arrancados de raíz de la percepción ordinaria y ver durante unas horas sin tiempo el mundo exterior e interior, no como aparece a un animal obsesionado por la supervivencia o a un ser humano obsesionado por palabras y nociones, sino como es percibido, directa e incondicionalmente, por la Inteligencia Libre, es una experiencia de inestimable valor para cualquiera y especialmente para el intelectual. Porque el intelectual es por definición el hombre para el que, según la frase de Goethe, "la palabra es esencialmente fecunda". Es el hombre que entiende que "lo que percibimos con los ojos nos es extraño como tal y no debe impresionarnos mucho". Y sin embargo, aunque él mismo es un intelectual y uno de los supremos maestros del lenguaje, Goethe no se muestra siempre de acuerdo con su propia valoración de la palabra. En la madurez de su vida, escribió: "Hablamos demasiado. Deberíamos hablar menos y dibujar más. A mí, personalmente, me gustaría renunciar totalmente a la palabra y, como la Naturaleza orgánica, comunicar cuanto tenga que decir por medio de dibujos. Esa higuera, esa lombriz, ese capullo en el alféizar de mi ventana a la serena espera de su futuro, son firmas trascendentales. Una persona capaz de descifrar bien su significado podría dispensarse totalmente de la palabra escrita o hablada. Cuanto más pienso en ello, más me convenzo de que hay algo inútil, mediocre y hasta —siento la tentación de decirlo— afectado en la palabra. En cambio, ¡cómo impresiona la gravedad y el silencio de la Naturaleza, cuando se está cara a cara con ella, sin nada que nos distraiga, ante unas desnudas alturas o la desolación de unos viejos montes!". No podremos nunca eximirnos del lenguaje o de los otros sistemas de símbolos; porque es gracias a ellos, solamente a ellos, como hemos podido elevarnos por encima de los brutos, al nivel de los seres humanos. Pero, así como somos sus beneficiarios, podemos también muy fácilmente convertirnos en sus víctimas. Debemos aprender a manejar con eficacia las palabras, pero, al mismo tiempo, debemos preservar y, en caso necesario, intensificar nuestra capacidad para mirar al mundo directamente y no a través del medio semiopaco de los conceptos, que deforma cualquier hecho determinado dándole el aspecto demasiado conocido de algún marbete genérico o alguna abstracción explicativa.

Literaria o científica, liberal o especializada, toda nuestra educación es predominantemente verbal y, en consecuencia, no cumple la función que teóricamente se le asigna. En lugar de transformar a los niños en adultos plenamente desarrollados, produce estudiantes de ciencias naturales que nada saben de la Naturaleza como hecho primordial de la experiencia e impone al mundo estudiantes de Humanidades que nada saben de humanidad, ni de la suya ni de la ajena.

Psicólogos gestaltistas, como Samuel Renshaw, han ideado métodos para ampliar el campo de las percepciones humanas y aumentar su agudeza. Pero ¿los aplican nuestros educadores? La respuesta es un No.

Los maestros en todos los campos de la psicofísica, desde la visión hasta el tenis, desde los volatines hasta la oración, han descubierto, por eliminación, las condiciones de funcionamiento óptimo dentro de sus respectivos campos. Pero ¿se sabe que alguna de las grandes Fundaciones haya asignado fondos a cualquier proyecto de coordinación de estas comprobaciones empíricas en una teoría y una práctica generales de más altas posibilidades creadoras? De nuevo, que yo sepa, la contestación no es otra que un No.

Toda clase de sectadores y personajes raros enseñan las técnicas más diversas para alcanzar la salud, el contentamiento y la paz del alma. Y para muchos de sus seguidores muchas de estas técnicas resultan manifiestamente efectivas. Pero ¿vemos a psicólogos, filósofos o sacerdotes respetables bajar valientemente a estos extraños y a veces malolientes pozos, en cuyo fondo se ve obligada a sentarse con demasiada frecuencia la pobre Verdad? Una vez más la respuesta es un No.

Y veamos ahora la historia de la investigación de la mescalina. Hace setenta años, hombres extraordinariamente capaces describieron las trascendentales experiencias de quienes, con buena salud, en las debidas condiciones y con el espíritu adecuado, toman la droga. ¿Cuántos filósofos, cuántos teólogos y cuántos educadores profesionales han tenido desde entonces la curiosidad de abrir esta Puerta en el Muro? La respuesta, a todos los efectos prácticos, es Ninguno.

En un mundo donde la educación es predominantemente verbal, las personas muy cultas hallan poco menos que imposible dedicar una seria atención a lo que no sea palabras y nociones. Siempre hay dinero y doctorados para la culta necedad de lo que constituye entre los eruditos el problema más importante: ¿Quién influyó en quién para decir tal o cual cosa en tal o cual ocasión? Hasta en estos tiempos de tecnología se rinde pleitesía a las Humanidades. En cambio, apenas se hace el menor caso a las humanidades no verbales, a las artes de percibir directamente los hechos concretos de nuestra existencia. Es completamente seguro que hallarán aprobación y ayuda financiera, un catálogo, una bibliografía, una edición definitiva de las *ipsissima verba* de un versificador de tercera clase, un estupendo índice que pone fin a todos los índices, cualquier proyecto genuinamente alejandrino. Pero si se trata de averiguar cómo usted y yo, nuestros hijos y nuestros nietos podemos hacernos más perceptivos, más intensamente conscientes de la realidad interior y exterior, más abiertos al Espíritu, menos propensos a caer, por nuestros vicios psicológicos, físicamente enfermos y más capaces de regular nuestro propio sistema nervioso autónomo; si se trata de cualquier forma de educación verbal que sea más fundamental —y con más probabilidades de uso práctico— que la Gimnasia Sueca, ninguna persona respetable ni universidad o religión que se respete hará absolutamente nada. Los verbalistas temen a los no verbales; los racionalistas temen al hecho concreto no racional; los intelectuales entienden que "lo que percibimos con el ojo (o de cualquier otro modo) nos es extraño como tal y no debe impresionarnos mucho". Además, este asunto de la educación en las Humanidades no verbales no encaja en ninguno de los casilleros establecidos. No es religión, ni es neurología, ni es gimnasia, ni es moral, ni es civismo, ni es psicología experimental. Siendo esto así, el tema, a los efectos académicos y eclesiásticos, no existe y puede ser tranquilamente pasado por alto o dejado, con una sonrisa de superioridad, a quienes son llamados farsantes, curanderos, charlatanes y aficionados ineptos por los fariseos de la ortodoxia verbal.

Blake escribió con mucha amargura: "Siempre he advertido que los Ángeles tienen la vanidad de hablar de sí mismos como de los únicos sabios. Hacen esto con una confiada insolencia que brota del razonamiento sistemático".

El razonamiento sistemático es algo de lo que tal vez no podamos prescindir ni como especie ni como individuos. Pero tampoco podemos prescindir, si hemos de permanecer sanos, de la percepción directa, cuanto menos sistemática mejor, de los mundos interior y exterior en los que hemos nacido. Esta realidad es un infinito que está más allá de toda comprensión y, sin embargo, puede ser percibida directamente, y desde cierto punto de vista, de modo total. Es una trascendencia que pertenece a un orden distinto del humano y que, sin embargo, puede estar presente en nosotros como una inmanencia sentida, como una participación experimentada. Saber es darse cuenta, siempre, de la realidad total en su diferenciación inmanente; darse cuenta de ello y, aun así, permanecer en condiciones de sobrevivir como animal, de pensar y sentir como ser humano, de recurrir cuando convenga al razonamiento sistemático. Nuestra finalidad es descubrir que siempre hemos estado donde deberíamos estar. Por desdicha, nos hacemos muy difícil esta tarea. Pero, entretanto, hay gracias gratuitas en la forma de realizaciones parciales y fugaces. Bajo un sistema de educación más realista y menos exclusivamente verbal que el nuestro, todo Ángel —en el sentido que Blake da a la palabra— tendría autorización para un banquete sabático, sería inducido y hasta, en caso necesario, obligado a hacer de cuando en cuando, por medio de alguna Puerta Química en el Muro, un viaje al mundo de la experiencia trascendental. Si esto lo aterrara, sería una desdicha, sin duda, pero probablemente saludable. Si le procurara una iluminación breve, pero sin tiempo, tanto mejor. En cualquiera de los casos, el Ángel perdería algo de la confiada insolencia que brota del razonamiento sistemático y de la conciencia de haber leído todos los libros.

Cerca ya del fin de su vida, Aquino experimentó la Contemplación Infusa. Después de esto, se negó a trabajar de nuevo en su libro no terminado. Comparado con esto, cuanto había leído, discutido y escrito —Aristóteles y las Sentencias, las Cuestiones, las Proposiciones, las majestuosas Summas— no era más que broza o paja. Para la mayoría de los intelectuales, una huelga de brazos cruzados así sería una equivocación y hasta algo moralmente malo. Pero el Doctor Angélico había hecho más razonamiento sistemático que doce ángeles ordinarios juntos y estaba ya maduro para la muerte. Había conquistado el derecho, en esos últimos meses de su mortalidad, a pasar de la broza o paja meramente simbólica al pan del Hecho real y sustancial. Para ángeles de un orden menor y con mejores perspectivas de longevidad, conviene que haya un retorno a la broza. Pero el hombre que regresa por la Puerta en el Muro ya no será nunca el mismo que salió por ella. Será más instruido y menos engreído, estará más contento y menos satisfecho de sí mismo, reconocerá su ignorancia más humildemente, pero, al mismo tiempo, estará mejor equipado para comprender la relación de las palabras con las cosas, del razonamiento sistemático con el insondable Misterio que trata, por siempre jamás, vanamente, de comprender.

Cielo e infierno

Prefacio

Este texto es una continuación del ensayo sobre la experiencia con mescalina publicado dos años antes con el título de Las puertas de la percepción. *Para una persona en la que "el cirio de la visión" nunca arde espontáneamente, la experiencia con la mescalina es doblemente reveladora. Arroja luz sobre las hasta ahora desconocidas regiones de su propia mente y, al mismo tiempo, arroja luz, en forma indirecta, sobre otras mentes dotadas con mayor riqueza para lo visionario que la propia. Reflexionando sobre su propia experiencia, esta persona llega a una nueva y mejor comprensión de cómo otras mentes perciben, sienten y piensan, de las nociones cosmológicas que les parecen evidentes y de las obras de arte por medio de las cuales se sienten impulsadas a expresarse. En las páginas que siguen he tratado de consignar, más o menos sistemáticamente, los resultados de esta nueva comprensión.*

En la historia de la ciencia, el coleccionista de ejemplares precedió al zoólogo y siguió a los exponentes de la teología natural y la magia. Cesó de estudiar a los animales con el criterio de los autores de los Bestiarios, para quienes la hormiga era la encarnación del trabajo, la pantera un emblema, un tanto sorprendente, de Cristo y la mofeta un escandaloso ejemplo de lascivia carente de inhibiciones. Pero, salvo de manera rudimentaria, no era un fisiólogo, un ecólogo o un estudioso del comportamiento animal. Su preocupación principal era hacer un censo, atrapar, matar, disecar y describir cuantas clases de animales estuvieran a su alcance.

Como la tierra de hace cien años, nuestra mente tiene todavía sus Áfricas sombrías, sus Borneos sin mapas y sus cuencas del Amazonas. En relación con la fauna de estas regiones, no somos todavía zoólogos, sino meros naturalistas y coleccionistas de ejemplares. Es una desdicha, pero tenemos que aceptarla y arreglarnos con ella como mejor podamos. Por lenta que sea, tenemos que realizar la labor del coleccionista antes de abordar las superiores tareas científicas de la clasificación, el análisis, la experimentación y la formulación de teorías.

Como la jirafa y el ornitorrinco de pico de pato, los seres que habitan estas remotas regiones de la mente son estrafalarios. Pero existen, son hechos de observación y, como tales, no pueden ser pasados por alto por nadie que trate honradamente de comprender el mundo en que vive.

Es difícil, poco menos que imposible, hablar de los hechos mentales sin recurrir a símiles sacados del universo, más conocido, de las cosas materiales. Si he utilizado metáforas geográficas y zoológicas, no ha sido caprichosamente, por mera afición al lenguaje pintoresco. Ha sido porque esas metáforas expresan muy claramente la esencial diferenciación de las tierras lejanas de la mente y la completa autonomía de sus habitantes. Un hombre consiste en lo que podría llamarse un Viejo Mundo de conciencia personal y, más allá de un mar divisorio, una serie de Nuevos Mundos —las no muy distantes Virginias y Carolinas de lo subconsciente personal y del alma vegetativa—; el Lejano Oeste de lo inconsciente colectivo, con su flora de símbolos y sus tribus de arquetipos aborígenes; y, separado por otro océano, todavía más vasto, en las antípodas de la conciencia cotidiana, el mundo de la Experiencia Visionaria.

Si vamos a Nueva Gales del Sur, veremos marsupiales desplazándose a saltos por el campo. Y si vamos a las antípodas de la mente consciente de sí misma, encontraremos toda clase de seres tan raros, por lo menos, como los canguros. No inventamos estos seres, del mismo modo que no inventamos los canguros. Viven sus propias vidas en completa independencia. El hombre no puede gobernarlos. Lo más que puede hacer es ir al equivalente mental de Australia y mirar a su alrededor.

Hay personas que nunca descubren conscientemente a sus antípodas. Otras llegan a ellos de cuando en cuando. Otras más —muy pocas— van a sus antípodas y regresan de ellos a voluntad. Para el naturalista de la mente, el coleccionista de ejemplares psicológicos, la necesidad primordial consiste en un método seguro, fácil y de fiar para trasladarse y trasladar a los demás del Viejo Mundo al Nuevo, del continente de los conocidos vacunos y caballos al continente del canguro y del ornitorrinco.

Existen dos métodos así. Ninguno de ellos es perfecto, pero ambos son lo suficientemente seguros, fáciles y de fiar para que se justifique su empleo por quienes sepan lo que están haciendo. En el primer caso el alma es transportada a su distante destino con la ayuda de un producto químico: la mescalina o el ácido lisérgico. En el segundo, el vehículo es de naturaleza psicológica y el paso a las antípodas de la mente se efectúa por medio de la hipnosis. Los dos vehículos llevan a la conciencia a la misma región, pero la droga tiene más campo de acción y lleva a sus pasajeros más al interior de la *terra incognita*.[1]

¿Cómo y por qué produce la hipnosis sus observados efectos? No lo sabemos. Pero, en relación con lo que buscamos ahora, no necesitamos saberlo. Lo único que se precisa en estos momentos es consignar el hecho de que algunos hipnotizados se ven trasladados, en el estado de trance, a una región de las antípodas de la mente, donde encuentran el equivalente de los marsupiales; extraños seres psicológicos con una existencia autónoma que se ajusta a las leyes de su propio ser.

En cuanto a los efectos fisiológicos de la mescalina, sabemos poco. Probablemente —no estamos seguros de ello—, causa perturbaciones en el sistema de enzimas que regula el funcionamiento cerebral. Al obrar así, disminuye la eficiencia del cerebro como instrumento para concentrar la mente en los problemas de la vida sobre la superficie de nuestro planeta. Esta disminución en lo que podría llamarse la eficiencia biológica del cerebro parece permitir la entrada en la conciencia de ciertas clases de sucesos mentales que normalmente están excluidos, porque no poseen valor de supervivencia. La enfermedad o la fatiga pueden originar intrusiones análogas de material biológicamente inútil, pero estética y a veces espiritualmente valioso. Cabe también que se lle-

---

[1] Véase Apéndice I.

gue a lo mismo por el ayuno o por un período de confinamiento en un lugar oscuro y de completo silencio.[2]

Una persona bajo la influencia de la mescalina o el ácido lisérgico deja de tener visiones cuando se le da una dosis grande de ácido nicotínico. Esto ayuda a explicar la eficacia del ayuno como inductor de la experiencia visionaria. Al reducir la cantidad de azúcar disponible, el ayuno disminuye la eficiencia biológica del cerebro y permite que entre en la conciencia material que no posee valor de supervivencia. Además, al causar una deficiencia vitamínica, elimina de la sangre ese conocido inhibidor de las visiones, el ácido nicotínico. Otro inhibidor de la experiencia visionaria es la experiencia ordinaria, cotidiana, perceptiva. Los psicólogos experimentales han comprobado que, si se confina a un hombre en un "ambiente restringido", donde no haya luz, ni sonidos, ni olor alguno, y se lo introduce en un baño tibio, con sólo una cosa, casi imperceptible, para tocar, la víctima no tardará en "ver cosas", "oír cosas" y tener extrañas sensaciones corporales.

Milarepa, en su caverna del Himalaya, y los anacoretas de la Tebaida seguían esencialmente el mismo procedimiento y obtenían esencialmente los mismos resultados. Miles de cuadros de las *Tentaciones de San Antonio* testimonian la efectividad de la alimentación y

---

[2] Véase Apéndice II.

el ambiente restringidos. El ascetismo, es evidente, tiene una doble motivación. Si hay hombres y mujeres que atormentan sus cuerpos, no lo hacen únicamente porque esperan así obtener el perdón de pecados pasados y librarse de castigos futuros; lo hacen también porque ansían ir a las antípodas de la mente y tener visiones. Empíricamente, y por los relatos de otros ascetas, saben que el ayuno y el ambiente restringido los trasladarán a donde quieren ir. El castigo que se infligen a sí mismos puede ser la puerta del paraíso. (Cabe también —este punto será analizado en un párrafo posterior— que sea la puerta de las regiones infernales.)

Desde el punto de vista de un habitante del Viejo Mundo, los marsupiales son extraordinariamente raros. Pero la rareza no es lo mismo que el desatino. Los canguros pueden ser inverosímiles, pero su improbabilidad se repite y obedece a leyes que cabe reconocer. Lo mismo puede decirse de los seres psicológicos que habitan las regiones remotas de nuestras mentes. Las experiencias que se tienen bajo la influencia de la mescalina o en una hipnosis profunda son ciertamente extrañas, pero son extrañas con cierta regularidad, extrañas conforme a un patrón.

¿Cuáles son los rasgos comunes que este patrón impone a nuestras experiencias visionarias? El primero y más importante es la experiencia de la luz. Cuanto ven los que visitan las antípodas de la mente está brillantemente iluminado y parece brillante desde dentro. Todos los colores se intensifican hasta un tono muy superior a cuanto se ve en un estado normal y, al mismo tiempo, aumenta notablemente la capacidad mental para reconocer las finas distinciones de tonos y matices.

A este respecto, hay una clara diferencia entre estas experiencias visionarias y los sueños ordinarios. La mayoría de los sueños son incoloros o, en otro caso, sólo están coloreados parcial y débilmente. En cambio, las visiones que se tienen bajo la influencia de la mescalina o la hipnosis siempre son de colores intensos y, según podría decirse, preternaturales. El profesor Calvin Hall, que ha reunido datos de miles de sueños, nos dice que aproximadamente los dos tercios de los sueños son en blanco y negro. "Sólo uno de cada tres sueños es en colores o incluye algún color." Unas pocas personas sueñan enteramente en colores; otras pocas jamás advierten color alguno en sus sueños; la mayoría sueña a veces en colores, pero es más frecuente en ellas el caso contrario.

"Hemos llegado a la conclusión —escribe el doctor Hall— de que el color en los sueños no procura información sobre la personalidad del soñador." Estoy de acuerdo con esta conclusión. El color en sueños y visiones no nos dice acerca de la personalidad del espectador más de lo que nos dice el color en el mundo eterno. Un jardín en julio es percibido con muy brillantes colores. La percepción nos dice algo acerca del sol, las flores y las mariposas, pero poco o nada acerca de nosotros mismos. De manera análoga, el hecho de que veamos brillantes colores en nuestras visiones y en algunos de nuestros sueños nos dice algo sobre la fauna de las antípodas de la mente, pero nada en absoluto de la personalidad de quien habita lo que he denominado el Viejo Mundo mental.

La mayoría de los sueños se refieren a los deseos íntimos e impulsos instintivos del soñador y a los conflictos que surgen cuando estos deseos e impulsos se ven frustrados por una conciencia que reprueba o el temor a la opinión pública. La historia de estos afanes y conflictos se nos relata por medio de símbolos dramáticos y, en la mayoría de los sueños, los símbolos son incoloros. ¿Por qué es así? Yo presumo que la contestación es que, para ser efectivos, los símbolos no precisan del color. Las cartas en que hablamos de las cosas no necesitan ser rojas y podemos describir el arco iris con líneas de tinta en un papel blanco. Los libros de texto están ilustrados con grabados en negro y fotograbados a media tinta, y estos diagramas e imágenes incoloros procuran efectivamente la información necesaria.

Lo suficiente para la conciencia en vigilia es de modo manifiesto suficiente para lo subconsciente personal, que puede expresar sus significados por medio de símbolos incoloros. El color viene a ser una especie de piedra de toque de la realidad. Las cosas determinadas tienen color; en cambio, carece de color lo que juntan nuestro intelecto y nuestra fantasía, creadores de símbolos. Así, pues, el mundo externo es percibido en colores. Los sueños, que no son cosas dadas, sino inventadas por el subconsciente personal, se presentan por lo general en blanco y negro. Y vale la pena señalar aquí que, en la experiencia de la mayoría, los sueños de más brillantes colores son los paisajes, en los que no hay acción dramática, ninguna referencia simbólica a un conflicto, sino simplemente la presentación a la conciencia de un determinado hecho no humano.

Las imágenes del mundo arquetípico son simbólicas, pero, al no inventarlas nosotros como individuos, al encontrarlas "ahí afuera" en lo inconsciente colectivo, exhiben por lo menos algunas de las características de una realidad dada y tienen colores. Los habitantes no simbólicos de las antípodas de la mente existen por propio derecho y, como los hechos dados del mundo externo, tienen colores también. De hecho, tienen colores mucho más intensos que los de los datos externos. Esto puede ser explicado, por lo menos en parte, por la circunstancia de que nuestras percepciones del mundo externo están habitualmente envueltas por las nociones verbales conforme a las que pensamos. Siempre estamos tratando de convertir las cosas en signos para las abstracciones más inteligibles, de nuestra propia invención. Pero, al hacer esto, robamos a estas cosas buena parte de su ser natural.

En las antípodas de la mente estamos más o menos libres del lenguaje, fuera del sistema del pensamiento conceptual. Consiguientemente, nuestra percepción de los objetos visionarios posee toda la frescura y toda la desnuda intensidad de experiencias que nunca han sido verbalizadas, que nunca han sido asimiladas a abstracciones sin vida. Su color —esa marca de la concreción— brilla con un resplandor que nos parece preternatural, porque en realidad es enteramente natural. Enteramente natural en el sentido de que no ha sido desnaturalizado por el lenguaje o las nociones científicas, filosóficas o utilitarias, medios con los que ordinariamente re-creamos un mundo dado a nuestra propia monótona imagen humana.

En su *Cirio de visión* el poeta irlandés A. E. (George Russell) ha analizado sus experiencias visionarias con una sagacidad notable. "Cuando medito —escribe—, advierto, en los pensamientos e imágenes que se apiñan a mi alrededor, los reflejos de la personalidad, pero hay también en el alma ventanas por las que pueden verse imágenes creadas, no por la imaginación humana sino por la divina."

Nuestros hábitos lingüísticos nos llevan al error. Por ejemplo, nos inclinamos a decir "Me imagino", cuando lo que deberíamos decir es "Se levanta el velo para que pueda ver". Espontáneas o inducidas, las visiones no son nunca nuestra propiedad personal. No hay sitio en ellas para recuerdos pertenecientes al propio yo ordinario. Las cosas vistas son completamente desconocidas. Como dice Sir William Herschel: "No hay referencias o parecidos a ningún objeto recientemente visto o siquiera ideado". Cuando aparecen rostros, nunca son los rostros de amigos o conocidos. Estamos fuera del Viejo Mundo; estamos explorando las antípodas.

Para la mayoría de nosotros, el mundo de experiencia cotidiana es casi siempre insípido y monótono. Sin embargo, para unos cuantos con frecuencia y para bastantes de cuando en cuando, algo de la brillantez de la experiencia visionaria se derrama, como si dijéramos, sobre la visión corriente, transfigurando el universo cotidiano. Aunque todavía cabe reconocerlo, el Viejo Mundo adopta entonces la cualidad de las antípodas de la mente. He aquí una descripción muy característica de esta transfiguración del mundo ordinario:

"Estaba sentado en la playa escuchando a medias a un amigo que argumentaba con pasión acerca de algo que simplemente me aburría. Inconscientemente, contemplé un poco de arena que había tomado en mi mano y, de pronto, advertí la exquisita belleza que había en cada uno de aquellos granos. No era una cosa insulsa. Vi que cada partícula se atenía a un perfecto patrón geométrico, con ángulos agudos, en cada uno de los cuales se reflejaba un brillante haz de luz, mientras que cada diminuto cristal brillaba como un arco iris... Los rayos se entrecruzaban y formaban exquisitos dibujos de una belleza que me dejó sin aliento... De pronto mi conciencia fue levantada desde adentro y vi de manera muy viva que todo el universo estaba hecho de partículas de material que, por muy insulsas y sin vida que nos pudieran parecer, estaban llenas de esta intensa y vital belleza. Durante un par de segundos, todo el mundo se me manifestó como una gloriosa llamarada. Cuando ésta se extinguió, me dejó con algo que nunca he olvidado y que constantemente me habla de la belleza encerrada en cada una de las insignificantes motitas de materia que nos rodean".

Análogamente, George Russell escribe que ha visto el mundo iluminado por "un intolerable resplandor"; que se ha visto en contemplación de "paisajes tan bellos como el perdido Edén"; que ha estado ante un mundo en el que "los colores eran más brillantes y puros y, sin embargo, se armonizaban más suavemente". Y ha escrito que "los vientos chispeaban y eran claros como el diamante y, sin embargo, tenían el intenso color del ópalo, al discurrir resplandecientes por el valle, y yo comprendí que estaba en la Edad de Oro, que éramos nosotros quienes habíamos estado ciegos para ella, que nunca se había ido del mundo".

Cabe hallar muchas descripciones análogas en los poetas y en la literatura del misticismo religioso. Se piensa, por ejemplo, en la *Oda sobre los indicios de la inmortalidad en la primera infancia* de Wordsworth, en ciertos poemas líricos de George Herbert y Henry Vaughan, en *Siglos de meditación* de Traherne, en el pasaje de su autobiografía en el que el padre Surin describe la milagrosa transformación de un recoleto jardín de convento en un trozo de cielo.

La luz y el color preternaturales son comunes a todas las experiencias visionarias. Y junto a la luz y el color hay, en cada caso, un reconocimiento de significación sublimada. Los objetos con luz propia que vemos en las antípodas de la mente poseen un significado y este significado es, en cierto modo, tan intenso como su color. El significado se identifica aquí con el ser, porque, en las antípodas de la mente, los objetos sólo son representación de sí mismos. Las imágenes que se manifiestan en las proximidades de lo subconsciente colectivo tienen un significado que se relaciona con los hechos básicos de la experiencia humana, pero aquí, en los límites del mundo visionario, nos vemos ante hechos que, como los hechos de la naturaleza externa, son independientes del hombre, como individuo y como colectividad, y existen por propio derecho. Y su significado consiste precisamente en esto, en que son intensamente ellos mismos, y en que, siendo intensamente ellos mismos, son manifestaciones de la concreción esencial, de lo distinto no humano del universo.

La luz, el color y el significado no existen en el aislamiento. Modifican los objetos o son manifestados por ellos. ¿Hay clases especiales de objetos comunes a la mayoría de las experiencias visionarias? La contestación es que sí, las hay. Bajo la influencia de la mescalina o la hipnosis, del mismo modo que en visiones espontáneas, se repiten una y otra vez ciertas clases de experiencias perceptuales.

La experiencia típica de la mescalina o el ácido lisérgico comienza con percepciones de formas geométricas vivas, con colores y en movimiento. Más adelante, la geometría pura se hace concreta y el visionario percibe, no formas sino cosas ajustadas a formas, como alfombras, tallas, mosaicos. Esto deja luego el sitio a vastos y complicados edificios, en medio de paisajes que cambian continuamente, pasando de una riqueza a otra riqueza de colores más intensos, de una grandeza a otra grandeza más honda. Cabe que hagan su aparición, aisladas o en multitudes, figuras heroicas, de la clase que Blake llamaba el "Serafín". Se advierte el paso de animales fabulosos. Todo es nuevo y asombroso. Casi nunca ve el visionario nada que le recuerde su propio pasado. No está recordando escenas, personas u objetos ni los está inventando; está mirando a una nueva creación.

La materia primera de esta creación son las experiencias visuales de la vida ordinaria, pero quien realiza el trabajo de dar formas a esta materia no es indudablemente quien originalmente tuvo las experiencias o luego las recuerda y reflexiona sobre ellas. Estas formas —citemos las palabras que emplea el doctor J. R. Smythies en reciente trabajo publicado en el *American*

Journal of Psychiatry— "son la obra de un compartimiento mental muy diferenciado, sin ninguna relación aparente, emocional o volitiva, con los fines, intereses o sentimientos de la persona del caso".

En citas o paráfrasis concentradas, he aquí la reseña que hace Weir Mitchell del mundo visionario al que fue transportado por el peyotl, el cacto que constituye la fuente natural de la mescalina.

Al entrar en este mundo vio una multitud de "puntos estrellas" que parecían "fragmentos de cristales de colores". Luego, vinieron "delicadas películas flotantes de color". Estas películas se vieron desplazadas por la "brusca irrupción de innumerables puntos de luz blanca" que cruzaban rápidamente el campo de visión. Luego, hubo líneas en zigzag de brillantes colores, que fueron transformándose en nubes que se agrandaban y tenían tonos todavía más brillantes. Llegó el turno de los edificios y luego el de los paisajes. Había una torre gótica de complicado diseño, con viejas estatuas en las entradas o sobre ménsulas de piedra. "Mientras contemplaba aquello, todos los ángulos y cornisas y hasta las caras de las piedras, en sus junturas, se fueron cubriendo o constituyéndose en apoyo de racimos de algo parecido a enormes piedras preciosas, pero piedras sin tallar, como si fueran masas de frutas transparentes… Todo parecía poseer una luz interior." La torre gótica cedió el sitio a una montaña, a un farallón de inconcebible altura, a una colosal garra de ave tallada en la piedra y que avanzaba sobre el abismo, a un interminable despliegue de telas de colores y a una floración de más piedras preciosas. Finalmente hubo una visión de olas verdes y purpúreas que rompían en una playa "con miríadas de luces de los mismos tonos que las olas."

Cada experiencia con la mescalina, cada visión que surge en la hipnosis, es única, pero cabe reconocer que todas ellas pertenecen a la misma especie. Los paisajes, las arquitecturas, los racimos de gemas y los dibujos brillantes y complicados, en su ambiente de luz preternatural, color preternatural y significado preternatural, constituyen el material que forma las antípodas de la mente. ¿Por qué esto es así? No lo sabemos. Es un hecho en bruto que nos proporciona la experiencia; nos guste o no, tenemos que aceptarlo, del mismo modo que aceptamos el hecho de los canguros.

De estos hechos de la experiencia visionaria, pasemos ahora a los relatos de Otros Mundos, de los mundos habitados por los dioses, por los espíritus de los muertos o por el hombre en su prístino estado de inocencia, que incluyen todas las tradiciones culturales.

Al leer estos relatos quedamos en seguida impresionados por la estrecha semejanza entre la experiencia visionaria inducida o espontánea y los paraísos y regiones de fantasía del folklore y la religión. La luz preternatural, la intensidad preternatural en el color y el significado preternatural son las características de todos los Otros Mundos y Edades de Oro. Y, virtualmente en todos los casos, esta luz preternaturalmente significativa ilumina un paisaje —o brota de él— de tan enorme belleza que las palabras no pueden describirlo.

Así, en la tradición grecorromana, hallamos el Jardín de las Hespérides, los Campos Elíseos y la fantástica Isla de Leuke, a la que fue llevado Aquiles. Memnón fue llevado a otra isla luminosa, en algún lugar del Oriente. Odiseo y Penélope viajaron en la dirección opuesta y disfrutaron de la inmortalidad con Circe en Italia. Todavía más al Oeste, estaban las Islas de los Bienaventurados, primeramente mencionadas por Hesíodo y en las que se creyó tan firmemente que, en fecha tan avanzada como el primer siglo antes de Cristo, Sertorio proyectó enviar una flota desde España para descubrirlas. Hay también islas mágicamente bellas en el folklore de los celtas y, en el otro extremo del mundo, en el de los japoneses. Y entre Avalón en el extremo Oeste y Horaisan en el Lejano Oriente, está el país de Uttarakuru, el Otro Mundo de los hindúes. Leemos en el *Ramayana*: "Este país de los lagos de dorados lotos. Hay ríos a miles, llenos de hojas de color del zafiro y del lapislázuli. Y los lagos, resplandecientes como el sol de la mañana, están adornados con dorados mantos de rojo loto. Todo el campo está cubierto de joyas y piedras preciosas, con alegres mantos de lotos azules de dorados pétalos. En lugar de la arena, las perlas, las gemas y el oro forman las orillas de los ríos, a lo largo de los cuales se elevan árboles de un oro que brilla como el fuego. Estos árboles dan perpetuamente flores y frutos, despiden una deliciosa fragancia y están llenos de pájaros".

Como vemos, Uttarakuru se parece a los paisajes de la experiencia con mescalina en que tiene abundancia de piedras preciosas. Y esta característica es común, virtualmente, a todos los Otros Mundos de la tradición religiosa. Todos los paraísos son ricos en gemas o, por lo menos, en objetos que se parecen a las gemas, en lo que Weir Mitchell llama "fruto transparente". He aquí, por ejemplo, la versión de Ezequiel del Jardín del Edén: "Has estado en el Edén, en el jardín de Dios. Te cubrieron todas las piedras preciosas, el sardónice, el topacio y el diamante, el berilo, el ónix y el jaspe, el zafiro, la esmeralda y el carbúnculo y el oro… Eres el ungido querube que cubres… Has caminado en medio de las piedras de fuego". Los paraísos budistas están adornados con "piedras de fuego" análogas. Así, el Paraíso de Occidente de la Secta de la Pura Tierra está rodeado de un muro de plata, oro y berilo, tiene lagos de enjoyadas orillas y profusión de lotos resplandecientes. En él se sientan los entronizados Bodhisattvas.

Al describir sus Otros Mundos, los celtas y los teutones hablan muy pocas veces de piedras preciosas, pero tienen mucho que decir de otra sustancia que es para ellos igualmente maravillosa: el cristal. Los galeses tenían un país bienaventurado llamado Ynisvitrin, la Isla de Cristal, y uno de los nombres del reino germánico de los muertos era el Monte de Cristal, Glasberg. Esto recuerda el mar de cristal del Apocalipsis.

La mayoría de los paraísos están adornados con edificios y, como los árboles, las aguas, los montes y los campos, estos edificios resplandecen con piedras preciosas. Todos conocemos a la Nueva Jerusalén. "Y la muralla se hizo de jaspe y la ciudad era de oro puro, parecido a claro cristal... Y los asientos de la muralla de la ciudad fueron guarnecidos con toda clase de piedras preciosas."

Descripciones análogas cabe encontrar en la literatura escatológica del hinduismo, el budismo y el Islam. El cielo es siempre lugar de gemas. ¿Por qué? Quienes refieren todas las actividades humanas a una estructura social y económica darán una explicación poco más o menos así: las gemas son muy raras en la tierra. Pocas personas las poseen. Como compensación, los voceros de la mayoría hundida en la pobreza han llenado sus imaginarios cielos de piedras preciosas. Esta hipótesis de la "torta en el cielo" contiene, sin duda, un elemento de verdad, pero no explica en primer lugar por qué las piedras preciosas se llegaron a considerar preciosas.

Los hombres han gastado enormes cantidades de tiempo, energía y dinero para descubrir, extraer y tallar guijarros de colores. ¿Por qué? El utilitario no puede ofrecer una explicación de conducta tan fantástica. Pero, en cuanto tenemos en cuenta los hechos de la experiencia visionaria, todo resulta claro. En una visión, los hombres perciben una profusión de lo que Ezequiel llama "piedras de fuego", de lo que Weir Mitchell describe como "fruto transparente". Estas cosas tienen su propia luminosidad, exhiben un color de brillo preternatural y son preternaturales en su significado. Los objetos materiales que más se parecen a estas fuentes de iluminación visionaria son las piedras preciosas. Adquirir una de estas piedras es adquirir algo cuyo valor está garantizado por su existencia en el Otro Mundo.

Tal es la razón de la en otra forma inexplicable pasión del hombre por las gemas y de que el hombre les atribuya una virtud terapéutica mágica. Estoy convencido de que la cadena causal comienza en el Otro Mundo psicológico de la experiencia visionaria, desciende luego a la tierra y sube de nuevo al Otro Mundo teológico del cielo. A este respecto, las palabras de Sócrates en *Fedón* adquieren un nuevo significado. Existe, nos dice, un mundo ideal por encima y más allá del mundo de la materia. "En esta otra tierra, los colores son mucho más puros y brillantes de lo que lo son aquí abajo... Los mismos montes y las mismas piedras tienen un brillo más rico, una transparencia y una intensidad de matiz más bellas. Las piedras preciosas de este mundo inferior, nuestros codiciados jaspes, corelinas, esmeraldas y todas las demás, no son más que simples fragmentos de esas rocas de arriba. En la otra tierra, no hay piedra que no sea preciosa y que no exceda en belleza a cualquiera de nuestras gemas."

En otros términos, las piedras preciosas son preciosas porque tienen una débil semejanza con las resplandecientes maravillas que ve la vista interior del visionario. Y Platón dice: "La visión de este mundo es una visión de espectadores bienaventurados", porque ver las cosas "como son en sí mismas" es una bendición pura e inexpresable.

En los pueblos que desconocen las piedras preciosas o el cristal, el cielo está adornado, no con minerales, sino con flores. Las flores preternaturalmente brillantes florecen en la mayoría de los Otros Mundos descritos por los escatólogos primitivos y tienen su sitio hasta en los enjoyados paraísos cristalinos de religiones más avanzadas. Recordemos el loto de las tradiciones hindú y budista, y la rosa y el lirio de Occidente.

"Dios creó en primer lugar un jardín." Esta afirmación expresa una profunda verdad psicológica. La horticultura tiene su fuente —o, en todo caso, una de sus fuentes— en el Otro Mundo de las antípodas de la mente. Cuando los fieles ofrecen flores en el altar, están devolviendo a los dioses cosas que saben o que oscuramente —si no son visionarios— comprenden que pertenecen al cielo.

Y este retorno a la fuente no es meramente simbólico; es también asunto de experiencia inmediata. Porque el tránsito entre nuestro Viejo Mundo y sus antípodas, entre Aquí y el Más Allá, es en los dos sentidos. Las gemas, por ejemplo, proceden del cielo visionario del alma, pero también hacen que el alma vuelva a ese cielo. Contemplándolas, los hombres se sienten —como suele decirse— *transportados*, llevados hacia esa Otra Tierra del diálogo platónico, al mágico lugar donde cada guijarro es una piedra preciosa. Y los mismos efectos pueden tener los artefactos de vidrio y metal, las velas encendidas en la oscuridad, las imágenes y los ornamentos de brillantes colores, las flores, las conchas y las plumas, los paisajes vistos, como Shelley vio a Venecia desde los montes de Eugane, a la luz transfigurante del alba o del anochecer.

De hecho, podemos arriesgarnos a una generalización y decir que cualquier cosa que, en la naturaleza o en una obra de arte, se parezca a uno de esos objetos intensamente significativos y de luminosidad propia que se encuentran en las antípodas de la mente es capaz de producir, aunque sólo en forma parcial y atenuada, la experiencia visionaria. A este respecto, el hipnotista nos dirá que, si un paciente puede ser inducido a mirar intensamente un objeto brillante, es muy posible que entre en trance y que, si entra en trance o simplemente pasa a un estado de ensoñación, verá visiones por dentro y un mundo transfigurado por fuera.

Pero ¿cómo, precisamente, y por qué la vista de un objeto brillante induce al trance o a un estado de ensoñación? ¿Es, como sostenían los victorianos, el resultado de una simple tensión visual provocada por el agotamiento nervioso general? ¿O hay que explicar el fenómeno en términos puramente psicológicos, como una concentración llevada al extremo del monoideísmo y que lleva a su vez a la disociación?

Hay, sin embargo, una tercera posibilidad. Cabe que los objetos brillantes recuerden a nuestro inconsciente de qué cosas se puede disfrutar en el mundo de las antípodas y que estas vagas indicaciones de la vida en el Otro Mundo resulten tan fascinantes que dediquemos menos atención a este mundo y nos hagamos así capaces de experimentar conscientemente algo de lo que, inconscientemente, siempre está con nosotros.

Vemos, pues, que hay en la naturaleza ciertas clases de objetos, ciertos materiales, con el poder de transportar la mente del espectador en dirección a sus antípodas, sacándola del cotidiano Aquí y acercándola al Otro Mundo de la Visión. Análogamente, hay en el reino del arte ciertas obras, hasta ciertas clases de obras, en las que se manifiesta el mismo poder de enajenación. Estas obras que inducen a la visión pueden ser ejecutadas con materiales que tengan ese poder de inducción, como el cristal, el metal, las gemas o pigmentos que a las gemas recuerden. En otros casos, su poder estriba en que reproducen, en forma peculiarmente expresiva, alguna escena o algún objeto con poder enajenante.

Entre todas las artes que inducen a la visión, el arte del orfebre y del joyero es, desde luego, el que más depende de sus materias primeras. Los metales pulidos y las piedras preciosas son tan intrínsecamente arrobadores que hasta una joya victoriana o inclusive una joya del Art Nouveau resultan poderosas. Y cuando a esta magia natural del metal brillante y de la piedra con luminosidad propia se agrega la otra magia de las nobles formas y de los colores hábilmente combinados, nos hallamos en presencia de un auténtico talismán.

El arte religioso ha empleado siempre y en todas partes estos materiales que inducen a la visión. Tenemos el relicario de oro, la estatua crisoelefantina, el símbolo o la imagen enjoyados. Los resplandecientes adornos del altar son cosas comunes a la Europa contemporánea y al antiguo Egipto, a la India y a China, a los griegos, los incas y los aztecas.

Los productos del arte del orfebre son intrínsecamente inspiradores. Están en el corazón de todos los Misterios, en todos los sanctasanctórum. Estas joyas sagradas siempre han estado relacionadas con la luz de las lámparas y los cirios. Para Ezequiel, una gema era una piedra de fuego. Inversamente, una llama es una gema viva, dotada del poder arrobador que tiene la piedra preciosa y, en menor medida, el metal pulido. Este poder enajenante de la llama aumenta en proporción a la profundidad y la extensión de la oscuridad del contorno. Los templos más impresionantemente inspiradores son cavernas de penumbra, en las que unos cuantos cirios dan vida a los arrobadores y ultraterrenos tesoros del altar.

Como inductor de visiones, el cristal es casi tan efectivo como las piedras preciosas. De hecho, es en ciertos aspectos más efectivo, por la sencilla razón de que es más abundante. Gracias al cristal, todo un edificio —la Sainte-Chapelle y las catedrales de Chartres y Sens, por ejemplo— puede convertirse en algo mágico y arrobador. Gracias al cristal, Paolo Uccello pudo diseñar una joya circular de cuatro metros de diámetro: su gran ventanal de la *Resurrección*, tal vez la obra de arte inductora de visiones más extraordinaria que jamás se haya producido.

Es manifiesto que para los hombres de la Edad Media la experiencia visionaria tenía un valor supremo. Valía tanto que estaban dispuestos a comprarla con dinero penosamente ganado. En el siglo XII se colocaban cepillos en las iglesias para la instalación y el mantenimiento de las vidrieras de colores. Suger, el abad de Saint-Denis, nos dice que siempre estaban llenos.

Pero no cabe esperar que los artistas que se respeten continúen haciendo lo que sus antepasados hicieron ya supremamente bien. En el siglo XIV, los colores fueron reemplazados por el claroscuro y las vidrieras dejaron de inducir a la visión. Cuando, a fines del siglo XV, el color se puso de moda otra vez, los pintores en cristal sintieron el deseo —y se vieron al mismo tiempo técnicamente equipados para ello— de imitar la transparencia de la pintura del Renacimiento. Los resultados fueron con frecuencia interesantes, pero ya no fueron arrobadores.

Vino luego la Reforma. Los protestantes desaprobaban la experiencia visionaria y atribuyeron una virtud mágica a la palabra impresa. En una iglesia de claros ventanales, los fieles podían leer sus Biblias y devocionarios y se veían libres de la tentación de huir del sermón y refugiarse en el Otro Mundo. En el campo católico, los hombres de la Contrarreforma tenían un doble estado de ánimo. Juzgaban que era cosa buena la experiencia visionaria, pero también creían en el valor supremo de la imprenta.

En las nuevas iglesias, rara vez fueron instaladas vidrieras de colores, y en muchas de las viejas iglesias estas vidrieras quedaron total o parcialmente reemplazadas por vidrio claro. La luz no oscurecida permitía a los fieles seguir los oficios en sus devocionarios y, al mismo tiempo, contemplar las obras inductoras de visiones que habían creado las nuevas generaciones de escultores y arquitectos barrocos. Estas obras enajenantes fueron ejecutadas en metal y piedra pulida. Se volviera hacia donde se volviere, el fiel veía el resplandor del bronce, la rica radiación de los colores del mármol, el ultraterreno blancor de las estatuas.

En las raras ocasiones en que los hombres de la Contrarreforma utilizaron el cristal, éste fue un sustitutivo de los diamantes, no de los rubíes o zafiros. Los prismas de cristal entraron en el arte religioso en el siglo XVII y, en las iglesias católicas, siguen colgando hoy de innumerables candelabros. Estos ornamentos encantadores y un tanto ridículos son algunos de los muy escasos artilugios inductores de visiones que el Islam permite. Las mezquitas no tienen imágenes o relicarios, pero, en el Cercano Oriente por lo menos, su austeridad está mitigada por el arrobador brillo del cristal rococó.

Del cristal, pintado o tallado, pasamos al mármol y otras piedras que admiten un perfecto pulimento y pueden ser utilizadas en grandes masas. La fascinación que ejercen estas piedras puede ser medida por la cantidad de tiempo y de trabajo que se dedica a obtenerlas. En Baalbek, por ejemplo, y en los puntos que están a cuatrocientos kilómetros más al interior, en Palmira, hallamos, entre las ruinas, columnas de granito rosado procedentes de Asuán. Estos grandes monolitos fueron extraídos de canteras del Alto Egipto, llevados en barcazas Nilo abajo, remolcados por el Mediterráneo hasta Biblos o Trípoli y, desde aquí, acarreados, con bueyes, mulas y hombres, cuesta arriba hasta Homs, hacia el sur, a Baalbek, o hacia el este, a Palmira.

¡Qué labor de titanes! Y desde el punto de vista utilitario, ¡qué maravillosa futilidad! Pero, de hecho, claro está, se perseguía un propósito, un propósito que en la región trascendía de la mera utilidad. Pulidas hasta un resplandor visionario, las rosadas columnas proclamaban su manifiesta afinidad con el Otro Mundo. Al costo de enormes esfuerzos, los hombres habían transportado estas piedras desde sus canteras en el Trópico de Cáncer y, ahora, a guisa de recompensa, las piedras estaban transportando a sus transportadores a mitad del camino que lleva a las antípodas visionarias de la mente.

La cuestión de la utilidad y de los fines que están más allá de la utilidad surge de nuevo en relación con la cerámica. Pocas cosas hay más útiles, más absolutamente indispensables, que los cacharros, vasijas y botijos. Pero, al mismo tiempo, pocos seres humanos buscan menos la utilidad que los coleccionistas de porcelanas y lozas. Decir que estas personas tienen el apetito de la belleza no es una explicación suficiente. La fealdad vulgar de los ambientes en que se exhibe con tanta frecuencia la más fina cerámica es prueba bastante de que sus dueños no buscan la belleza en todas sus manifestaciones, sino una clase especial de belleza: la belleza de los curvos reflejos, del brillo suavemente lustroso, de las superficies lisas y pulidas. En pocas palabras, la belleza que arroba al espectador porque le recuerda, oscura o explícitamente, las luces y los colores preternaturales del Otro Mundo. En lo principal, el arte de la alfarería ha sido un arte seglar, pero un arte seglar al que sus innumerables fanáticos han tratado con una reverencia casi idolátrica. De cuando en cuando, sin embargo, este arte seglar ha sido puesto al servicio de la religión. Los azulejos vidriados se abrieron paso hasta las mezquitas y de aquí pasaron a las iglesias cristianas. De China llegan imágenes de dioses y santos en reluciente porcelana. En Italia, Luca della Robbia creó un cielo de lustroso azul para el blanco lustre de sus Vírgenes con el Niño Jesús. La arcilla cocida al horno es más barata que el mármol y, debidamente tratada, casi tan arrobadora.

Platón y, durante un ulterior florecimiento del arte religioso, Santo Tomás de Aquino sostuvieron que los colores puros y brillantes eran la esencia misma de la belleza artística. En tal caso, un Matisse sería intrínsecamente superior a un Goya o un Rembrandt. Basta traducir las abstracciones de los filósofos a términos concretos para advertir que esta ecuación de la belleza en general con colores brillantes y puros es absurda. Pero, aunque insostenible, la venerable doctrina no carece totalmente de verdad. Los colores brillantes y puros son característicos del Otro Mundo. Consiguientemente, las obras de arte pintadas con colores brillantes y puros pueden, en las circunstancias adecuadas, transportar a la mente del espectador hacia sus antípodas. Los colores brillantes y puros son la esencia, no de la belleza en general, sino de una clase especial de belleza, la visionaria. Las iglesias góticas y los templos griegos, así como las estatuas del siglo XIII después de Cristo y del siglo V antes de Cristo, siempre muestran brillantes colores.

Para los griegos y para los hombres del Medioevo, este arte de tiovivo y de figuras de cera era evidentemente arrobador. A nosotros nos parece deplorable. Preferimos la sencillez de nuestros Praxíteles, nuestro mármol y nuestra piedra caliza *au naturel*. ¿Por qué nuestro gusto moderno es, a este respecto, tan diferente del de nuestros antepasados? Supongo que nos hemos familiarizado excesivamente con los pigmentos puros y brillantes para que puedan conmovernos mucho. Los admiramos, desde luego, cuando los vemos en una vasta o sutil composición, pero, en sí mismos y como tales, no nos transportan.

Los amadores sentimentales de lo pasado se quejan de la sordidez de nuestros tiempos y la comparan desfavorablemente con el alegre esplendor de épocas anteriores. En realidad, es indudable, hay en el mundo moderno una profusión de colores mucho mayor que en el antiguo. El lapislázuli y la púrpura de Tiro eran costosas rarezas; los ricos terciopelos y brocados de los guardarropas principescos y los tapices y cortinajes tejidos o pintados de las mansiones medievales y de los primeros tiempos modernos estaban reservados para una minoría privilegiada.

Hasta los grandes de la tierra poseían muy pocos de estos tesoros inductores de visiones. Ya entrados en el siglo XVII, los monarcas poseían tan escaso mobiliario que viajaban de palacio a palacio con carretadas de vajilla y ropa de cama, de alfombras y de tapices. Para la masa del pueblo, sólo existían los tejidos caseros y unos cuantos tintes vegetales; en la decoración interior, se utilizaban, en el mejor de los casos, los colores terrosos y, en el peor —que era las más de las veces—, "el piso de argamasa y las paredes de estiércol".

En las antípodas de cada mente, estaba el Otro Mundo de la luz y el color preternaturales, de las gemas ideales y el oro visionario. Pero delante de cada par de ojos estaban únicamente la oscura escualidez de la choza familiar, el polvo o el barro de la calle de aldea, los blancos sucios, los pardos y los castaños verdosos de los harapos. Tal es la razón de la frenética y casi desesperada sed de colores brillantes y puros y tal es también la razón del enorme efecto que causaban estos colores cada vez que se desplegaban en la iglesia o en la corte. Hoy, la industria química produce pinturas, tintas y tintes de variedad infinita en enormes cantidades. En nuestro mundo moderno hay color brillante suficiente para garantizar la producción de miles de millones de banderas e historietas, de millones de luces de circulación y de posición, de cientos de miles de bombas de incendio y recipientes de Coca-Cola, de alfombras, papeles pintados y arte no representativo por kilómetros cuadrados.

La familiaridad engendra la indiferencia. Hemos visto demasiado color puro y brillante en los almacenes Woolworth para que nos resulte intrínsecamente arrobador. Y podemos señalar aquí que, por su asombrosa capacidad de procurarnos demasiado de lo mejor, la tecnología moderna ha tendido a la desvalorización de los tradicionales materiales inductores de visiones. La iluminación de una ciudad, por ejemplo, era antes un acontecimiento raro, reservado para las victorias y las fiestas nacionales, la canonización de los santos y la coronación de los reyes. Ahora, es cosa de todas las noches y celebra las virtudes de la ginebra, los cigarrillos y la pasta dentífrica.

Hace cincuenta años, en Londres, los carteles eléctricos eran una novedad y tan raros que brillaban en la neblinosa oscuridad como "joyas principales de una gargantilla". A través del Támesis, en el viejo Polvorín, las letras doradas y rojas eran maravillosamente bellas, una *féerie*. Hoy, la magia ha desaparecido. El neón está en todas partes y, al estarlo, no nos causa el menor efecto, como no sea hacernos pensar a veces nostálgicamente en la noche primigenia.

Sólo con la iluminación sin sombras recuperamos el significado ultraterreno que solía haber, en la época del petróleo y la cera y hasta en los tiempos del gas y del filamento de carbono, en toda isla de luminosidad dentro de la oscuridad sin límites. Iluminados por los reflectores, Notre-Dame de París y el Foro Romano son objetos visionarios, con el poder de transportar la mente del espectador hacia el Otro Mundo.[3]

---

[3] Véase Apéndice III.

La tecnología moderna tiene en el cristal y el metal pulido el mismo efecto desvalorizador que en los fantásticos focos de luz y en los colores puros y brillantes. Para Juan de Patmos y sus contemporáneos las paredes de cristal sólo eran concebibles en la Nueva Jerusalén. Hoy son características de cualquier edificio de oficinas o casa de campo modernistas. Y esta profusión de cristal está acompañada de una profusión de cromo y níquel, acero inoxidable y aluminio e infinidad de aleaciones antiguas o nuevas. Las superficies metálicas centellean en los cuartos de baño y las cocinas y se desplazan rutilantes por el paisaje en automóviles y trenes.

Los ricos reflejos convexos que fascinaron a Rembrandt hasta el punto de que jamás se cansó de llevarlos a la pintura son ahora cosas corrientes en el hogar, la calle y la fábrica. Ha quedado mellada la fina punta del placer raro. Lo que fue antaño aguja de deleite visionario se ha convertido en trozo de linóleo desechado.

He hablado hasta ahora únicamente de los materiales que inducen a la visión y de su desvalorización psicológica a causa de la tecnología moderna. Es hora de que consideremos los medios puramente artísticos de crear obras inductoras de visiones.

La luz y el color tienden a crear una cualidad preternatural cuando son vistos en la oscuridad del contorno. *La Crucifixión* de Fra Angélico, en el Louvre, tiene un fondo negro. Otro tanto sucede con los frescos de la Pasión pintados por Andrea da Castagno para las monjas de Santa Apollonia, en Florencia. Tal es el motivo de que estas obras extraordinarias tengan su intensidad visionaria, su extraño poder arrobador.

En una contextura artística y psicológica totalmente distinta, Goya utilizó frecuentemente el mismo recurso en sus aguafuertes. Esos hombres voladores, ese caballo en la cuerda tensa y esa enorme y fantasmal encarnación del Miedo se destacan, como inundados de luz, sobre un fondo de noche impenetrable.

Con el desarrollo del claroscuro, en los siglos XVI y XVII, la noche salió del fondo y se instaló en la misma pintura, que se convirtió en escenario de una especie de lucha maniquea entre la Luz y la Oscuridad. En la época en que se pintaron, estas obras tuvieron indudablemente un real poder transportador. A nosotros, que hemos visto ya muchas de estas cosas, nos parecen en su mayoría meramente teatrales. Pero algunas de ellas siguen siendo mágicas. Por ejemplo, ahí está el *Entierro* de Caravaggio, ahí están esa docena de cuadros mágicos de Georges de La Tour,[4] ahí están todos esos visionarios Rembrandt, cuyas luces tienen la intensidad y el significado de la luz de las antípodas de la mente, cuyas sombras están llenas de ricas potencialidades a la espera de su turno para

---

[4] Véase Apéndice IV.

hacerse actuales, para hacerse resplandecientemente presentes en nuestra conciencia.

En la mayoría de los casos, el tema ostensible de los cuadros de Rembrandt está tomado de la vida real o de la Biblia: un chico con sus lecciones o el baño de Betsabé; una mujer vadeando una laguna o Cristo ante sus jueces. De cuando en cuando, sin embargo, estos mensajes del Otro Mundo son transmitidos por medio de un asunto tomado, no de la vida real o de la historia, sino del reino de los símbolos arquetípicos. Hay en el Louvre una *Méditation du Philosophe* cuyo tema simbólico es ni más ni menos que la mente humana, con sus preñadas oscuridades, sus momentos de iluminación intelectual y visionaria, sus misteriosas escaleras de caracol que suben y bajan hacia lo desconocido. El filósofo meditabundo está sentado en su isla de iluminación interior y, en el extremo opuesto de la simbólica habitación, en otra isla, más rosada, una vieja está acurrucada delante del fuego. Las llamas iluminan y transfiguran su rostro y vemos, constantemente ilustradas, la paradoja imposible y la suprema verdad: que la percepción es (o por lo menos puede ser, debería ser) lo mismo que la Revelación, que la Realidad brilla en toda apariencia, que lo Uno está total e infinitamente presente en todas las particularidades.

Junto a las luces y los colores preternaturales, las gemas y los dibujos siempre cambiantes, los visitantes de las antípodas de la mente descubren un mundo de paisajes sublimemente bellos, de una arquitectura viva y de figuras heroicas. El poder arrobador de muchas obras de arte puede ser atribuido a que sus creadores han pintado escenas, personas y objetos que recuerdan al espectador lo que, consciente o inconscientemente, sabe del Otro Mundo en el fondo de su mente.

Comencemos con los habitantes humanos o, mejor dicho, más que humanos, de estas lejanas tierras. Blake los llamaba Querubines. Y, en efecto, esto es lo que son, sin duda: los originales psicológicos de esos seres que, en la teología de todas las religiones, sirven como intermediarios entre el hombre y la Clara Luz. Los personajes más que humanos de la experiencia visionaria nunca "hacen nada". (Análogamente, los bienaventurados nunca "hacen nada" en el cielo.) Se sienten contentos con la mera existencia.

Con nombres muy diversos y toda clase de atuendos, estas figuras heroicas de la experiencia visionaria del hombre aparecen en el arte religioso de todas las culturas. A veces, se nos muestran en reposo y, a veces, en acción histórica o mitológica. Pero la acción, como hemos visto, no es natural para los habitantes de las regiones antípodas de la mente. Estar atareado es la ley de *nuestro* ser. La ley del *suyo* es no hacer nada. Cuando obligamos a estos serenos forasteros a representar un papel en cualquiera de nuestros demasiado humanos dramas, estamos falsificando la verdad visionaria. Por eso, la representación más arrobadora —aunque no necesariamente la más bella— del Querubín es la que nos lo muestra en su habitación natural, no haciendo nada determinado.

Y esto explica la enorme impresión, que trasciende de lo estético, causada en el espectador por las grandes obras maestras estáticas del arte religioso. Las figuras esculpidas de los dioses y los dioses-reyes de Egipto, las Vírgenes y los Pantocrátores de los mosaicos bizantinos, los Bodhisattvas y Lohans de China, los Budas sedentes de Khmer, las estelas y estatuas de Copán y los ídolos de madera del África tropical tienen una característica en común: una profunda quietud. Y es eso precisamente lo que les atribuye su cualidad inspiradora, su poder para sacar al espectador del Viejo Mundo de la experiencia cotidiana y llevarlo muy lejos, hacia las antípodas visionarias de la psiquis humana.

No hay, desde luego, nada intrínsecamente excelente en el arte estático. Estática o dinámica, una obra mala es siempre una obra mala. Lo único que quiero decir es que, supuesta la igualdad en todo lo demás, una figura heroica en reposo tiene un poder arrobador mayor que el de una figura en acción.

El Querubín vive en el Paraíso y en la Nueva Jerusalén; en otras palabras, entre edificios prodigiosos levantados en lozanos y luminosos jardines, con distantes perspectivas de llano y monte, río y mar. Esto es un hecho de experiencia inmediata, un hecho psicológico registrado en el folklore y la literatura religiosa de todas las épocas y todos los países. Sin embargo, no ha sido registrado en el arte pictórico.

Si pasamos una revista a la sucesión de las culturas humanas, vemos que la pintura de paisajes no existe, es rudimentaria o ha tenido un desarrollo muy reciente. En Europa, la floración plena del arte del paisaje tiene sólo cuatro o cinco siglos de vida; en China, esta vida no excede de un milenio; en la India, a todos los efectos prácticos, no ha existido nunca.

Esto es un hecho curioso que reclama una explicación. ¿Por qué los paisajes se han abierto paso hasta la literatura visionaria de una época y una cultura determinadas y no han llegado, sin embargo, a la pintura? Hecha de este modo la pregunta, ella misma procura la mejor respuesta. Cabe que la gente se haya contentado con la mera expresión verbal de este aspecto de su experiencia visionaria y no haya sentido la necesidad de traducirlo en términos pictóricos.

Es indudable que esto ha sucedido con frecuencia en el caso de individuos. Blake, por ejemplo, veía paisajes visionarios, "articulados más allá de cuanto puede producir la mortal y perecedera naturaleza" e "infinitamente más perfectos y minuciosamente organizados que cuanto ha visto el ojo mortal". He aquí la descripción que Blake hizo de uno de esos paisajes visionarios en una de las fiestas de noche de la señora Aders:

"La otra noche, cuando daba un paseo, llegué a un prado y, en su extremo más distante, vi un rebaño de ovejas. Al acercarme, el campo se puso encendido de flores y las zarzas del aprisco y sus lanudos moradores se mostraron de una belleza pastoral exquisita. Pero miré de nuevo y vi que no se trataba de un rebaño vivo, sino de una bella escultura".

Vertida en pigmentos, esta visión parecería, supongo, una mezcla inverosímilmente bella de un bosquejo al óleo de Constable con una pintura de animales al estilo mágicamente realista del aureolado cordero de Zurbarán que se halla actualmente en el Museo de San Diego. Pero Blake nunca produjo nada que tuviera ni el más remoto parecido con un cuadro así. Se contentó con hablar y escribir de sus visiones de paisajes y con concentrarse, al pintar, en "el Querubín".

Lo que es cierto de un artista individual puede serlo de toda una escuela. Son muchas las cosas que los hombres experimentan y que optan por no expresar; cabe también que traten de expresar lo que han experimentado, pero solamente en una de sus artes. En otros casos más, se expresarán de manera que no tienen afinidad inmediatamente perceptible con la experiencia original. A este respecto el doctor A. K. Coomaraswamy tiene algunas cosas interesantes que decir acerca del arte místico en el Lejano Oriente, el arte en el que "no hay modo de separar la denotación de la connotación", en el que "no se advierte distingo entre lo que una cosa 'es' y lo que 'significa'".

El supremo ejemplo de este arte místico es la pintura de paisajes de inspiración Zen, que surgió en China durante el período Sung y renació en el Japón cuatro siglos después. La India y el Cercano Oriente no tienen pintura de paisajes mística, pero tienen sus equivalentes: "La pintura, la poesía y la música Vaisnava en la India, donde el tema es el amor sexual, y la poesía y la música Sufí en Persia, dedicadas a enaltecer la embriaguez".[5]

Como dice sucintamente el proverbio italiano, "la cama es la ópera del pobre". Análogamente, el sexo es el Sung hindú y el vino el impresionismo persa. La razón de esto estriba, claro está, en que la unión sexual y la embriaguez tienen algo de esa esencial diferenciación que caracteriza a todas las visiones, incluidas las de los paisajes.

Si los hombres han hallado en todas las épocas satisfacción en cierta clase de actividad, hay que suponer que, en los períodos en que esta actividad no se manifiesta, ha tenido que haber algo que la reemplace. En la Edad Media, por ejemplo, los nombres y los símbolos. Cualquier cosa de la naturaleza era inmediatamente desconocida como ilustración concreta de alguna noción

[5] A. K. Coomaraswamy, *The Transformation of Nature in Art*, pág. 40.

formulada en uno de los libros o leyendas considerados sagrados por la generalidad.

Y sin embargo, en otros períodos de la historia, los hombres han hallado una profunda satisfacción en reconocer la autónoma diferenciación de la naturaleza, incluidos muchos aspectos de la naturaleza humana. La experiencia de esta esencia distinta se expresaba en función del arte, la religión o la ciencia. ¿Cuáles eran los equivalentes medievales de Constable y la ecología, de la observación de las aves y Eleusis, de la microscopia, de los ritos de Dionisos y del haiku japonés? Supongo que hay que buscarlos en las orgías de las Saturnales en un extremo y en la experiencia mística en el otro. Los carnavales y las fiestas mayas permitían una experiencia directa de la diferenciación animal existente bajo la identidad personal y social. La contemplación infusa revelaba esa todavía más diversa diferenciación del divino No-Yo. Y en algún punto entre estos dos extremos, estaban las experiencias de los visionarios y de las artes inductoras de visiones, por medio de las cuales se trataba de capturar y crear de nuevo esas experiencias: las artes del joyero, del vidrierista, del tejedor de tapices, del pintor, poeta o músico.

A pesar de una Historia Natural que no era más que una serie de símbolos melancólicamente moralistas, en las garras de una teología que, en lugar de considerar las palabras como signos de las cosas, trataba las cosas y los hechos como signos de palabras bíblicas o aristotélicas, nuestros antepasados permanecieron relativamente en su sano juicio. Y lograron esta hazaña evadiéndose periódicamente de la sofocante prisión de su filosofía presuntuosamente racionalista, su ciencia antropomórfica, autoritaria y no experimental y su religión demasiado articulada, y refugiándose en mundos no verbales, no humanos, habitados por sus instintos, por la fauna visionaria de las antípodas de sus mentes y, sin embargo, dentro de todo lo demás, por el Espíritu morador.

Dejemos ya esta vasta digresión, que ha sido necesaria, y volvamos al caso particular del que hemos partido. Los paisajes, como hemos visto, son un rasgo normal de la experiencia visionaria. Hay descripciones de paisajes visionarios en la antigua literatura del folklore y la religión, pero la pintura de paisajes no hace su aparición hasta tiempos relativamente recientes. A lo que se ha dicho a guisa de explicación sobre equivalentes psicológicos, añadiré unas breves observaciones sobre la naturaleza de la pintura de paisajes como arte inductor de visiones.

Comencemos con una pregunta. ¿Qué paisajes —o, de modo más general, qué representaciones de objetos naturales— son más transportadores, más inductores de visiones? A la luz de mis propias experiencias y de lo que he oído a otras personas acerca de sus reacciones ante las obras de arte, arriesgaré una respuesta. Supuesta la igualdad en las demás cosas —pues nada puede remediar la falta de talento—, los paisajes más arrobadores son, en primer lugar, los que representan objetos naturales muy distantes y, en segundo término, los que los representan a muy corta distancia.

La lejanía procura encantamiento a la visión, pero otro tanto hace la proximidad. Una pintura Sung de montes, nubes y torrentes distantes es arrobadora, pero también lo son los primeros términos de las hojas tropicales en las selvas del aduanero Rousseau. Cuando contemplo un paisaje Sung, recuerdo —o recuerda alguien de mi No-Yo— los despeñaderos, los ilimitados llanos y los luminosos cielos y mares de las antípodas de la mente. Y esas desapariciones en la niebla y las nubes, esas repentinas apariciones de una forma extraña e intensamente definida como una peña gastada por el tiempo o un viejo pino retorcido por años de lucha contra el viento, también son arrobadoras. Porque me recuerdan, consciente o inconscientemente, ese carácter esencialmente ajeno e imprevisible del Otro Mundo.

Lo mismo sucede con los primeros términos. Contemplo esas hojas, con su arquitectura de venas, sus rayas, vetas y manchas; trato de penetrar en las profundidades del entrelazado verdor, y hay algo en mí que me recuerda esos dibujos vivos, tan característicos del mundo visionario, esos interminables nacimientos y proliferaciones de formas geométricas que se convierten en objetos, de cosas que están perpetuamente transformándose en otras cosas.

Esa pintura de un primer término de una selva es la representación de uno de los aspectos del Otro Mundo y tal es la razón de que me transporte, de que me haga ver con ojos que transfiguran una obra de arte en algo distinto, en algo que está más allá del arte.

Recuerdo —muy vivamente, a pesar de que ocurrió hace muchos años— una conversación con Roger Fry. Estábamos hablando acerca de los *Nenúfares* de Monet. Roger insistía en que no tenían derecho a su falta absoluta de organización, a carecer tan totalmente de una estructura de composición. En términos artísticos, eran completamente disparatados. Y, sin embargo, tenía que admitir que había algo… Sin embargo, diría yo ahora, eran arrobadores. Un artista consumado había optado por pintar un primer término de objetos naturales vistos en su propia contextura y sin referencia a las nociones meramente humanas de qué es qué o qué debería ser qué. Nos gusta decir que el hombre es la medida de todas las cosas. Para Monet, en esta ocasión, los nenúfares eran la medida de los nenúfares. Y así los pintó.

El mismo punto de vista no humano debe ser adoptado por cualquier artista que intente reproducir una escena distante. ¡Qué diminutos son en la pintura china los viajeros que avanzan por el valle! ¡Qué frágil la choza de bambú en la ladera! Y todo lo demás del vasto paisaje es vacío y silencio. Esta revelación del yermo, viviendo su propia vida de acuerdo con las leyes de su propio ser, transporta a la mente hacia sus antípodas, porque la Naturaleza primigenia tiene un extraño parecido con ese mundo interior que no tiene en cuenta nuestros deseos personales, ni siquiera los afanes permanentes del hombre en general.

Sólo la media distancia y lo que podría ser llamado el segundo término son estrictamente humanos. Cuando miramos muy cerca o muy lejos, el hombre se desvanece por completo o pierde su primacía. El astrónomo mira todavía más lejos que el pintor Sung y ve menos todavía de la vida humana. En el otro extremo de la escala, el físico, el químico y el fisiólogo andan a la busca del primer término, el celular, el molecular, el atómico, el subatómico. No quedan trazas siquiera de lo que a cinco metros, hasta a largo de brazo, parecía un ser humano.

Algo análogo sucede con el artista miope y el amante feliz. En el abrazo nupcial, la personalidad se funde; el individuo —es el tema recurrente de los poemas y novelas de Lawrence— cesa de ser él mismo y se convierte en parte del vasto universo impersonal.

Y lo mismo ocurre con el artista que opta por fijar sus ojos en un punto cercano. En su obra, la humanidad pierde su importancia y hasta desaparece por completo. En lugar de hombres y mujeres dedicados a sus fantásticos juegos bajo los altos cielos, tenemos delante algo que nos pide que consideremos a los lirios, que meditemos sobre la belleza ultraterrena de las "meras cosas", cuando quedan aisladas de su contextura utilitaria y son representadas como son, en sí mismas y para sí mismas. Alternativamente —o, en fase más temprana del desarrollo artístico, exclusivamente—, el mundo no humano del primer término nos suele ser ofrecido en dibujos, en modelos. Son en su mayoría abstracciones de hojas y flores —la rosa, el loto, el acanto, la palma, el papiro— y se convierten, con sus repeticiones y variaciones, en algo arrobador que nos recuerda las geometrías vivas del Otro Mundo.

En fecha relativamente reciente —pero muy anterior a la de esos tratamientos de escenas distantes a los que exclusivamente, y equivocadamente también, damos el nombre de pintura de paisaje— hicieron su aparición tratamientos más libres y realistas de la Naturaleza a corta distancia. Roma, por ejemplo, tenía sus paisajes de primer término. El fresco de un jardín que adornó antaño una habitación en la villa de Livia es un magnífico ejemplo de esta forma de arte.

Por razones teológicas, el Islam tuvo que contentarse casi siempre con "arabescos", exuberantes y —como en las visiones— siempre cambiantes dibujos basados en objetos naturales vistos muy de cerca. Pero ni en el Islam fue desconocido el genuino paisaje de primer término. Nada excede en belleza y en poder inductor de visiones a los mosaicos de los jardines y edificios de la gran mezquita omeya de Damasco.

En la Europa medieval, a pesar de la manía prevaleciente de convertir cada dato en un concepto, cada experiencia inmediata en un mero símbolo de algo en un libro, los primeros términos de follajes y flores fueron bastante comunes. Los hallamos tallados en los capiteles de las columnas góticas, como en la Casa del Capítulo del Monasterio de Southwell. Los hallamos en pinturas de escenas de caza, pinturas cuyo tema era ese siempre presente hecho de la vida medieval, el bosque, visto como lo ve el cazador o el viajero extraviado, en una desconcertante intrincación de un detallado follaje. Los frescos del palacio papal de Avignon son casi los únicos sobrevivientes de lo que, inclusive en los tiempos de Chaucer, era una forma muy difundida de arte seglar. Un siglo después, este arte de un bosque en primer término llegó a su perfección consciente en obras tan magníficas y mágicas como el *San Huberto* de Pisanello y la *Caza en un bosque* de Paolo Uccello, ahora en el Museo Ashmolean de Oxford. En íntima relación con los frescos que representaban primeros términos de bosque estaban los tapices, con los que los ricos de Europa septentrional adornaban sus casas. Los mejores entre ellos son obras inductoras de visiones de primerísimo orden. A su modo propio, son tan celestiales, tan poderosamente recordatorios de lo que ocurre en las antípodas de la mente, como las grandes obras maestras de paisajes distantes: los montes Sung en su enorme soledad, los ríos Ming interminablemente bellos, el mundo azul subalpino de las lejanías del Ticiano, la Inglaterra de Constable, las Italias de Turner y de Corot, las Provenzas de Cézanne y Van Gogh, la Île-de-France de Sisley y la Île-de-France de Vuillard.

Vuillard, por cierto, era un maestro supremo, lo mismo en el arrobador primer término que en la arrobadora lejanía. Sus interiores burgueses son obras maestras de arte inductor de visiones; comparados con ellos, las obras de visionarios tan conscientes y, por decirlo así, tan profesionales como Blake y Odilon Redon parecen débiles en extremo. En los interiores de Vuillard, cada detalle, por muy trivial y hasta por muy feo que sea —el dibujo de un papel pintado de los últimos tiempos victorianos, el bibelot del Art Nouveau, la alfombra de Bruselas—, es visto e interpretado como una joya viva. Y todas estas joyas se combinan armoniosamente en un conjunto que es una joya de intensidad visionaria de un orden todavía superior. Y cuando los habitantes de la clase media superior de la Nueva Jerusalén de Vuillard salen a pasear, no se encuentran, como habían supuesto, en el departamento de Sena y Oise, sino en el Jardín del Edén, en un Otro Mundo que es esencialmente este mismo mundo nuestro, pero transfigurado y, por lo tanto, arrobador.[6]

---

[6] Véase Apéndice V.

He hablado hasta ahora únicamente de la experiencia visionaria bienaventurada y de su interpretación en función de la teología o de su traducción en arte. Pero la experiencia visionaria no es siempre bienaventurada. Es a veces terrible. Si hay un cielo, también hay un infierno.

Como el cielo, el infierno visionario tiene su luz y su significado preternaturales. Pero el significado es intrínsecamente aterrador y la luz es la "luz humosa" de *El Libro Tibetano de los Muertos*, la "visible oscuridad" de Milton. En el *Diario de una esquizofrénica*,[7] constancias autobiográficas del paso de una joven por la locura, el mundo del esquizofrénico es llamado *le Pays d'Éclairement*, "el país de la iluminación". Es un nombre que un místico hubiera utilizado para designar su cielo.

Pero, para la pobre Renée, la esquizofrénica, la iluminación es infernal, un intenso resplandor eléctrico sin una sombra, ubicuo e implacable. Todo aquello que para un visionario sano es una fuente de bienaventuranza provoca, en Renée, únicamente miedo y una sensación de irrealidad que es una constante pesadilla. El sol del verano es maligno; el brillo de las superficies pulidas recuerda, no las gemas, sino las máquinas y el estaño esmaltado; la intensidad de existencia con que cada objeto está animado, cuando se ve de cerca

---

[7] M. A. Séchehaye, *Journal d'une Schizophrène*, París, 1950.

y al margen de su contextura utilitaria, encierra una amenaza.

Y existe luego el horror de la infinitud. Para el visionario sano, la percepción de lo infinito en una particularidad finita es una revelación de la divina inmanencia; para Renée, era una revelación de lo que llama "el Sistema", el vasto mecanismo cósmico que existe únicamente para la trituración de la culpa y el castigo, de la vida solitaria y la irrealidad.[8]

La cordura es cuestión de grado y hay muchos visionarios que ven el mundo del mismo modo que Renée, pero arreglándose, ello no obstante, para vivir fuera del manicomio. Para ellos, como para el visionario positivo, el universo está transfigurado, aunque para peor. Todo lo que hay en él, desde las estrellas del cielo hasta el polvo que pisan los pies, es indescriptiblemente siniestro y repugnante; cada suceso está saturado de una significación odiosa; cada objeto manifiesta la presencia de un Horror Residente, infinito, todopoderoso, eterno.

Este mundo negativamente transfigurado se ha abierto paso, de cuando en cuando, hasta la literatura y las artes. Se retorció amenazador en los últimos paisajes de Van Gogh; fue el escenario y el tema de todos los relatos de Kafka; constituyó el hogar espiritual de Géricault;[9] lo habitó Goya en sus años de sordera y sole-

---

[8] Véase Apéndice VI.

[9] Véase Apéndice VII

dad; fue vislumbrado por Browning cuando escribió *Childe Roland*; y tuvo su sitio enfrentando a las teofanías, en las novelas de Charles Williams.

La experiencia visionaria negativa está frecuentemente acompañada de sensaciones corporales de una clase muy especial y característica. Las visiones bienaventuradas se asocian por lo general con una sensación de separación del cuerpo, con la impresión de desindividualización. (Es, sin duda, esta impresión de desindividualización lo que permite que los indios que practican el culto del peyotl utilicen la droga, no meramente como un atajo hacia el mundo visionario, sino también como instrumento para crear una cordial solidaridad dentro del grupo participante.) Cuando la experiencia visionaria es terrible y el mundo queda transfigurado para peor, la individualización se intensifica y el visionario negativo se ve asociado con un cuerpo que parece hacerse cada vez más denso, cada vez más apretado, hasta que la persona se siente finalmente reducida a la desesperada conciencia de un espeso trozo de materia, no mayor que una piedra que puede ser tenida entre las manos.

No está de más señalar que muchos de los castigos descriptos en las diversas reseñas del infierno son castigos de presión, constricción y encogimiento. Los pecadores de Dante se ven sepultados en barro, encerrados en troncos de árboles, convertidos en gélida piedra dentro de bloques de hielo, aplastados bajo peñascos. El *Inferno* es psicológicamente veraz. Los esquizofrénicos experimentan muchas de sus penas. Y lo mismo pasa a quienes toman mescalina o ácido lisérgico en condiciones desfavorables.[10]

¿Cuál es la naturaleza de estas condiciones desfavorables? ¿Cómo y por qué el cielo se convierte en infierno? En ciertos casos, la experiencia visionaria negativa es el resultado de causas predominantemente físicas. Después de la ingestión, la mescalina tiende a acumularse en el hígado. Si el hígado está enfermo, la asociada mente puede verse en el infierno. Pero, en relación con nuestra finalidad presente, tiene más importancia el hecho de que la experiencia visionaria negativa pueda ser inducida por medios puramente psicológicos. El miedo y la ira cierran el camino del Otro Mundo celestial y hunden al tomador de mescalina en el infierno.

Y lo que es cierto del tomador de mescalina también lo es de quien ve visiones espontáneamente o bajo la hipnosis. Estos cimientos psicológicos tienen la doctrina teológica de la fe salvadora, una doctrina que se encuentra en todas las grandes tradiciones religiosas del mundo. Los escatólogos siempre han tenido dificultades para conciliar su racionalismo y su sentido moral con los desnudos hechos de la experiencia psicológica. Como racionalistas y moralistas, entienden que la buena conducta debe ser recompensada y que el virtuoso

_____

[10] Véase Apéndice VIII.

merece ir al cielo. Pero, como psicólogos, saben que la virtud no es la condición única o suficiente de la experiencia visionaria bienaventurada. Saben que las obras nada pueden por sí solas y que es la fe, o acaso la amorosa confianza, lo que garantiza la bienaventuranza de la experiencia visionaria.

Las emociones negativas —el miedo, que es la falta de confianza, el odio, la ira o la malicia, que excluyen al amor— garantizan en cambio que la experiencia visionaria, si es que llega a producirse, será aterradora. El fariseo es un hombre virtuoso, pero de virtud que es compatible con la emoción negativa. Es probable, pues, que sus experiencias visionarias sean más infernales que bienaventuradas.

La naturaleza de la mente es tal que el pecador que se arrepiente y hace un acto de fe en un poder superior tiene más probabilidades de tener una experiencia visionaria bienaventurada que el pilar de la sociedad satisfecho de sí mismo, con sus justas indignaciones, sus afanes en materia de posesiones y pretensiones y sus inveterados hábitos de culpar, despreciar y condenar. Tal es la razón de la enorme importancia que se atribuye, en todas las grandes tradiciones religiosas, al estado de ánimo en el momento de la muerte.

La experiencia visionaria no es la misma cosa que la experiencia mística. La experiencia mística está más allá de la esfera de los opuestos. La experiencia visionaria está dentro de esta esfera. El cielo supone el infierno e "ir al cielo" no es más liberación que el descenso al abismo. El cielo es meramente un punto ventajoso desde el que cabe contemplar el divino Fundamento con más claridad que desde el nivel de la existencia individualmente corriente.

Si la conciencia sobrevive a la muerte corporal, sobrevive, según es de presumir, en todos los niveles mentales: en el de la experiencia mística, en el de la experiencia visionaria bienaventurada, en el de la experiencia visionaria infernal y en el de la experiencia individual cotidiana.

En la vida hasta la experiencia visionaria bienaventurada tiende a cambiar de signo si persiste demasiado tiempo. Muchos esquizofrénicos tienen sus momentos de celestial felicidad, pero el que no sepan, en contraste con el tomador de mescalina, cuándo se les permitirá, si es que se les va a permitir alguna vez, volver a la tranquilizadora trivialidad de la experiencia cotidiana hace que hasta el cielo les parezca aterrador. Y para todos los que, por cualquier razón, están aterrados, el cielo se convierte en infierno, la bienaventuranza en horror y la Clara Luz en el odioso resplandor del país de la iluminación.

Cabe que algo parecido suceda en el estado póstumo. Después de haber tenido una vislumbre del insoportable esplendor de la Realidad última y después de haber andado como una lanzadera entre el cielo y el infierno, la mayoría de las almas consiguen retirarse a una más tranquilizadora región de la mente, donde pueden utilizar los deseos, recuerdos y caprichos propios y de los demás para construir un mundo muy parecido a aquel en el que han vivido sobre la tierra.

De los que mueren, una minoría infinitesimal es capaz de una unión inmediata con el divino Fundamento, unos cuantos pueden soportar la bienaventuranza visionaria del cielo, otros cuantos se ven en los horrores visionarios del infierno y la gran mayoría termina en la clase de mundo descrita por Swedenborg y los médiums. De este mundo cabe indudablemente pasar, cuando se hayan cumplido las condiciones necesarias, a los mundos de la bienaventuranza visionaria y de la ilustración final.

Yo parto personalmente del supuesto de que tienen razón tanto el espiritualismo moderno como la vieja tradición. *Hay* un estado póstumo de la clase que se describe en *Raymond*, el libro de Sir Oliver Lodge, pero hay también un cielo de experiencia visionaria bienaventurada, un infierno de experiencia visionaria aterradora, como la que padecen en este mundo los esquizofrénicos y algunos de los que toman mescalina, y una experiencia, más allá del tiempo, de unión con el divino Fundamento.

Apéndice I

Merecen ser mencionadas otras dos ayudas, menos efectivas, para la experiencia visionaria; el anhídrido carbónico y la lámpara estroboscópica. Una mezcla —completamente no tóxica— de siete partes de oxígeno y tres de anhídrido carbónico produce en quienes la inhalan ciertos cambios físicos y psicológicos que han sido descritos minuciosamente por Meduna. Entre estos cambios, el más importante, en relación con lo que nos ocupa, es un notable acrecentamiento en nuestra capacidad para "ver cosas" cuando los ojos están cerrados. En algunos casos, sólo se ven remolinos de dibujos en colores. En otros, puede haber vivas recordaciones de experiencias pasadas. (Por eso tiene valor el CO_2 como agente terapéutico.) En otros casos más, el anhídrido carbónico transporta al individuo al Otro Mundo, a las antípodas de la conciencia cotidiana. Entonces, se disfruta muy brevemente de experiencias visionarias sin relación alguna con la propia historia personal o con los problemas de la raza humana en general.

A la luz de esos hechos, resulta fácil comprender la razón de los ejercicios de respiración yoga. Practicados sistemáticamente, esos ejercicios llevan, al cabo de un tiempo, a prolongadas suspensiones de la respiración. A su vez, estas largas suspensiones de la respiración llevan a una alta concentración de anhídrido carbónico en los pulmones y la sangre, y en este aumento en la concentración de CO_2 disminuye la eficiencia del cerebro como válvula reductora y permite la entrada a la conciencia de experiencias, visionarias o místicas, del "más allá".

Gritar o cantar prolongada y continuamente puede producir resultados análogos, aunque menos marcados. A menos que estén ya muy bien adiestrados, los cantores tienden a expeler más aire del que inhalan. Consiguientemente, aumenta la concentración de anhídrido carbónico en el aire alveolar y en la sangre y, al disminuir así la eficiencia de la válvula reductora cerebral, se hace posible la experiencia visionaria. Tal es la razón de las interminables "vanas repeticiones" de la magia y la religión. En el canto del curandero, del exorcista, del hechicero, en la interminable entonación de salmos o sutras por los monjes cristianos y budistas, en los gritos y alaridos, hora tras hora, de los protestantes revalistas, en todas las diversidades de creencias teológicas y convenciones estéticas, la intención psico-químico-fisiológica permanece constante. Aumentar la concentración de CO_2 en los pulmones y la sangre y disminuir así la eficiencia de la válvula reductora del cerebro, hasta que dé paso a material biológicamente inútil de la Inteligencia Libre, ha sido, en todos los tiempos, aunque los gritadores, cantadores y farfulladores no lo supieran, el propósito real, la meta, de los hechizos, encantamientos, letanías, salmos y sutras. "El corazón tiene sus razones", dice Pascal. Todavía más convincentes y difíciles de desentrañar son las razones de los pulmones, de la sangre y las enzimas, de las neuronas y las sinapsis. El camino a lo superconsciente pasa por lo subconsciente, y el camino a lo subconsciente —por lo menos uno de los caminos— pasa por la química de las células individuales.

Con la lámpara estroboscópica descendemos de la química a la esfera todavía más elemental de la física. Su luz rítmicamente centelleante actúa directamente, por intermedio de los nervios ópticos, en las manifestaciones eléctricas de la actividad del cerebro. (Esto hace que haya siempre un leve peligro en el uso de la lámpara estroboscópica. Algunas personas padecen el *petit mal* sin que lo advierta ningún síntoma claro e inconfundible. Expuestas a una lámpara estroboscópica, estas personas pueden tener un serio ataque epiléptico. El riesgo no es muy grande, pero conviene siempre tenerlo en cuenta. Un caso entre ochenta puede tener desagradables consecuencias.)

Sentarse, con los ojos cerrados, delante de una lámpara estroboscópica es una experiencia muy curiosa e interesante. Apenas la lámpara entra en acción, se hacen visibles dibujos con los más brillantes colores. Estos dibujos no son estáticos sino que cambian constantemente. Su color dominante es una función del ritmo de descarga del estroboscopio. Cuando la lámpara centellea a una razón entre diez y catorce o quince veces por segundo, los dibujos son predominantemente anaranjados y rojos. El verde y el azul hacen su aparición cuando el ritmo excede de los quince centelleos por segundo. Después de los dieciocho o diecinueve, los dibujos se hacen blancos y grises. La explicación más clara está en la interferencia mutua de dos o más ritmos: el de la lámpara y los diversos de la actividad eléctrica del cerebro. Estas interferencias pueden ser traducidas por el centro visual y los nervios ópticos en algo de lo que la mente adquiere conciencia, como un dibujo en colores y en movimiento. Mucho más difícil es explicar el hecho, independientemente observado por varios experimentadores, de que el estroboscopio tiende a enriquecer e intensificar las visiones inducidas por la mescalina o el ácido lisérgico. He aquí, por ejemplo, el caso que me ha comunicado un médico amigo. Había tomado ácido lisérgico y estaba viendo, con los ojos cerrados, sólo dibujos móviles en colores. En este estado, se sentó delante de un estroboscopio. Puso la lámpara en acción e inmediatamente la geometría abstracta se transformó en lo que mi amigo llamó "paisajes japoneses" de belleza insuperable. Pero ¿cómo diablos la interferencia de dos ritmos podía producir una combinación de impulsos eléctricos que se traducía en un paisaje japonés vivo, con modulación propia, que no se parecía a nada de lo que el sujeto había visto, que estaba bañado de luz y color preternaturales y lleno de un significado preternatural?

Este misterio es meramente un caso particular de un misterio mayor y más vasto: la naturaleza de las relaciones entre la experiencia visionaria y lo que acontece en los órdenes celulares, químicos y eléctricos. Al tocar ciertas zonas del cerebro con un electrodo muy fino, Penfield ha conseguido inducir a la recordación de una larga serie de cosas relacionadas con alguna pasada experiencia. Esta recordación no es meramente precisa en todos los detalles perceptuales; está además acompañada por todas las emociones que provocaron los acontecimientos cuando originalmente se produjeron. El paciente, que está bajo anestesia local, se encuentra simultáneamente en dos tiempos y lugares: en la sala de operaciones, ahora, y en el hogar de su infancia, a cientos de kilómetros de distancia y a miles de días en lo pasado. Y cabe preguntarse, ¿hay alguna zona del cerebro en la que el electro-sonda podría evocar al Querubín de Blake, la torre gótica con incrustaciones de piedras preciosas y en transformación de Weir Mitchell o los paisajes japoneses de belleza indescriptible de mi amigo? Y si, como yo personalmente creo, las experiencias visionarias entran en nuestra conciencia desde algún remoto punto del "más allá", en la infinitud de la Inteligencia Libre, ¿qué clase de composición neuro-lógica *ad hoc* crea para ellas el cerebro receptor y transmisor? Y ¿qué sucede a esta composición *ad hoc* cuando la visión termina? ¿Por qué todos los visionarios insisten en la imposibilidad de recordar nada que tenga siquiera el más remoto parecido con la forma y la intensidad originales de sus experiencias transfigurantes? ¡Cuántas preguntas y todavía qué pocas respuestas!

Apéndice II

En el mundo occidental hay actualmente muchos menos
visionarios y místicos que antes. Hay dos razones principales para este estado de cosas: una razón filosófica y
una razón química. En el cuadro del universo actualmente de moda, no hay sitio para la experiencia trascendental válida. Consiguientemente, quienes han tenido
lo que consideran experiencias trascendentales válidas
son mirados con recelo, como chiflados o farsantes. Ya
no acredita a nadie ser un místico o un visionario.

Pero no es nuestro clima mental lo único desfavora-
ble para el visionario y el místico; también lo es nuestro
ambiente químico, un ambiente muy distinto de aquel
en el que vivieron nuestros antepasados.

El cerebro está químicamente regulado y la experiencia ha demostrado que cabe hacerlo permeable a los
(en términos biológicos) aspectos superfluos de la Inteligencia Libre mediante la modificación de la (en términos biológicos) química normal del cuerpo.

Durante casi la mitad de cada año, nuestros antepasados no comían fruta ni verduras y, como lo más que podían mantener durante los meses de invierno eran unos cuantos bueyes, vacas, cerdos y gallinas, tomaban poca manteca, poca carne fresca y muy pocos huevos. Para cuando llegaba cada primavera, la mayoría de ellos padecían, en formas moderadas o agudas, escorbuto, por carencia de la vitamina C, y pelagra, por insuficiencia en su dieta del complejo B. Los deprimentes síntomas físicos de estas enfermedades están asociados con no menos deprimentes síntomas psicológicos.[11]

El sistema nervioso es más vulnerable que los otros tejidos del organismo; consiguientemente, las deficiencias vitamínicas tienden a repercutir antes en el estado mental que, por lo menos de una manera clara, en la piel, los huesos, las membranas mucosas, los músculos y las vísceras. El primer resultado de una dieta inadecuada es una disminución de la eficiencia del cerebro como instrumento de supervivencia biológica. La persona desnutrida tiende a sentir angustias, depresiones, hipocondría y sentimientos de ansiedad. También es propensa a ver visiones, porque, cuando la válvula reductora del

---

[11] Véase *The Biology of Human Starvation*, por A. Keys (University of Minnesota Press, 1950); véanse también los informes de 1955 sobre los trabajos realizados por el doctor George Watson y sus colaboradores en California del Sur sobre el papel de las deficiencias vitamínicas en las enfermedades mentales.

cerebro tiene su eficiencia reducida, penetra en la conciencia mucho material inútil (en términos biológicos) del "más allá", de la Inteligencia Libre.

Buena parte de lo que los antiguos visionarios experimentaban era aterrador. Para utilizar el lenguaje de la teología cristiana, el Diablo se revelaba con mucha más frecuencia que Dios en las visiones y éxtasis de esta gente. No puede sorprender esto en una época en que las vitaminas eran deficientes y la creencia en Satanás, universal. La depresión mental, asociada hasta con los casos benignos de pelagra y escorbuto, se agravaba con el miedo a la condenación y la convicción de que las potencias del mal eran omnipresentes. Esta depresión era muy propia para teñir de colores sombríos el material visionario, admitido en la conciencia por una válvula cerebral cuya eficiencia había sido disminuida por la desnutrición. Pero, a pesar de sus preocupaciones por el eterno castigo y de su enfermedad de carencia, los ascetas de espiritualidad vigorosa veían con frecuencia el cielo y hasta tal vez tenían conciencia, de cuando en cuando, del Uno divinamente imparcial, en el que los opuestos polares se reconciliaban. Ningún precio parecía demasiado alto por una vislumbre de la beatitud, por un goce anticipado del conocimiento unificador. La mortificación del cuerpo podía producir multitud de síntomas mentales indeseables, pero también podía abrir la puerta por la que se entraba en el mundo trascendental del Ser, el Conocimiento y la Bienaventuranza. Tal es la razón de que, a pesar de desventajas evidentes, casi todos los aspirantes a la vida espiritual hayan seguido, en lo pasado, cursos regulares de mortificación corporal.

En lo que a las vitaminas se refiere, cada invierno medieval era un largo ayuno involuntario y este ayuno involuntario era seguido, durante la Cuaresma, por cuarenta días de voluntaria abstinencia. La Semana Santa hallaba al creyente maravillosamente preparado, en lo que se refiere a su química orgánica, para las enormes incitaciones al dolor y la alegría del momento, para los remordimientos estacionales de conciencia y la identificación autotrascendente con el ascendido Cristo. En estos días de la más alta excitación religiosa y de la más baja toma de vitaminas, los éxtasis y las visiones eran cosa casi corriente. Era lo que sólo cabía esperar.

Para los contemplativos enclaustrados, había varias Cuaresmas al año. Y hasta entre los ayunos se alimentaban muy poco. De esto nacían esas agonías de depresión y escrúpulos descritas por tantos escritores espirituales; de esto nacían sus espantosas tentaciones de desesperanza y de reírse de sí mismos. Pero de esto nacían también esas "gracias gratuitas", en la forma de visiones y palabras celestiales, de intuiciones proféticas, de telepáticos "discernimientos de las almas". Y de esto nacían, finalmente, sus "contemplaciones infusas", su "oscuro conocimiento" del Uno en todo.

El ayuno no era la única forma de mortificación física a la que recurrían los antiguos aspirantes a la espiritualidad. La mayoría de ellos utilizaba con regularidad el látigo de cuero anudado o hasta de alambres de hierro. Estas flagelaciones eran el equivalente de intervenciones quirúrgicas importantes sin anestesia y sus efectos en la química orgánica del penitente resultaban de consideración. Se soltaban grandes cantidades de histamina y adrenalina durante la flagelación misma y, cuando las heridas resultantes comenzaban a enconarse —como sucedía prácticamente con todas las heridas antes de la era del jabón—, se introducían en la corriente sanguínea diversas sustancias tóxicas producidas por la descomposición de la proteína. Pero la histamina produce una sacudida, un *shock*, y esta sacudida afecta a la mente en no menor medida que al cuerpo. Además, la adrenalina en grandes cantidades puede causar alucinaciones y se sabe que algunos productos de su descomposición originan síntomas que se parecen a los de la esquizofrenia. En cuanto a las toxinas de las heridas, perturban el sistema de enzimas regulador del cerebro y disminuyen la eficiencia de éste como instrumento para salir adelante en un mundo donde sobreviven los biológicamente más aptos. Esto puede explicar por qué el Curé d'Ars solía decir, en los días en que tenía libertad para flagelarse sin misericordia, que Dios no le negaba nada. En otros términos, cuando el remordimiento, el odio de sí mismo y el miedo al infierno sueltan adrenalina e histamina y cuando las heridas infectadas sueltan en la sangre proteína descompuesta, la eficiencia de la válvula reductora del cerebro disminuye y entran en la conciencia del asceta aspectos desconocidos de la Inteligencia Libre, con inclusión de psicofenómenos, visiones y, si se está filosófica y éticamente preparado para ello, experiencias místicas.

Como hemos visto, la Cuaresma seguía a un largo período de ayuno involuntario. Análogamente, los efectos de la flagelación estaban complementados, en los tiempos antiguos, por mucha involuntaria absorción de proteína descompuesta. Los dentistas no existían, los cirujanos eran verdugos y no había antisépticos seguros. Por tanto, la mayoría de las personas tenían que vivir en aquella época con infecciones focales, y las infecciones focales, aunque ya no estén de moda como causa de *todos* los males que padece la carne, pueden sin duda reducir la eficiencia de la válvula reductora del cerebro.

¿Y la moraleja de todo esto? Los exponentes de una filosofía exclusivista contestarán que, como los cambios en la química corporal pueden crear condiciones favorables para la experiencia visionaria y mística, la experiencia visionaria y mística no puede ser lo que se afirma que es y lo que evidentemente es para los que la tienen. Pero esto, desde luego, es un *non sequitur*.

A conclusión parecida llegarán aquellos cuya filosofía es indebidamente "espiritual". Dios, insistirán, es un espíritu y ha de ser adorado en espíritu. Por tanto, una experiencia químicamente condicionada no puede ser una experiencia de lo divino. Pero, de uno u otro modo, todas nuestras experiencias están químicamente condicionadas y si nos imaginamos que algunas de ellas son puramente "espirituales", puramente "intelectuales", puramente "estéticas", se debe a que nunca nos hemos molestado en investigar el ambiente químico interno en el momento de la ocurrencia. Además, está históricamente comprobado que la mayoría de los contemplativos trabajaron sistemáticamente para modificar su química corporal, con miras a crear las condiciones internas favorables para la visión espiritual. Cuando no se desnutrían hasta provocar deficiencias de azúcar en la sangre y de vitaminas o no se flagelaban hasta intoxicarse con histamina, adrenalina o proteína descompuesta, cultivaban el insomnio o la oración durante largos períodos en incómodas posiciones, con objeto de crearse los síntomas psicofísicos de la tensión y el esfuerzo. En los intervalos, cantaban salmos interminables, aumentando así la cantidad de anhídrido carbónico en los pulmones y en la corriente sanguínea, o, si eran orientales, haciendo, con el mismo objeto, ejercicios de respiración. Hoy sabemos cómo disminuir la eficiencia de la válvula reductora del cerebro por acción química directa y sin el riesgo de infligir serio daño al organismo psicofísico. En el estado actual de nuestros conocimientos, el aspirante a místico que recurriera al prolongado ayuno y a la autoflagelación violenta obraría de modo tan insensato como el aspirante a cocinero que imitara al chino de Charles Lamb, quien quemó la casa para asar un cerdo. Sabiendo como sabe —o como puede saberlo si lo desea— cuáles son las condiciones químicas de la experiencia trascendental, el aspirante a místico debe dirigirse, en busca de ayuda técnica, a los especialistas en farmacología, en bioquímica, en fisiología y neurología, en psicología, psiquiatría y parapsicología. Y por otra parte, desde luego, los especialistas —si aspiran a ser genuinos hombres de ciencia y seres humanos completos— deben dirigirse, saliendo de sus respectivos casilleros, al artista, al profeta, al visionario, al místico, a cuantos, en pocas palabras, han tenido la experiencia del Otro Mundo y saben, a sus modos respectivos, qué hacer con esa experiencia.

Apéndice III

Los efectos que recuerdan las visiones y los artificios que inducen a la visión han representado en las diversiones populares un papel más importante que en las bellas artes. Los fuegos artificiales, la pompa y los espectáculos teatrales son artes esencialmente visionarias. Por desgracia, son también artes efímeras, cuyas antiguas obras maestras sólo nos son conocidas por lo que nos han contado. Nada queda de los triunfos romanos, los torneos medievales, las mascaradas jacobinas, la larga sucesión de coronaciones, bodas reales y decapitaciones solemnes, las canonizaciones de santos y los entierros de papas. Lo más que podemos esperar respecto de estas magnificencias es que "renazcan numerosas algún día".

Un rasgo interesante de estas artes visionarias populares es su íntima dependencia de la tecnología contemporánea. Los fuegos artificiales, por ejemplo, no fueron antaño más que fogatas. (Pero he de añadir que, hoy mismo, una buena fogata en la oscuridad de la noche es uno de los espectáculos más mágicos y arrobadores. Contemplándolo, cabe comprender la mentalidad del campesino mexicano, quien se lanza a quemar media hectárea de monte abajo para plantar su maíz, pero queda encantado si, por un feliz accidente, arden, con llamas brillantes y apocalípticas, varios kilómetros cuadrados de bosque.) La verdadera pirotecnia comenzó —en Europa por lo menos, ya que no en China— con el uso de combustibles en sitios de plazas y batallas navales. De la guerra pasó, a su debido tiempo, a la diversión. La Roma imperial tenía espectáculos de fuegos artificiales, algunos de los cuales, inclusive en la época de declinación, eran complicados en extremo. He aquí la descripción de Claudiano del espectáculo ofrecido por Manlio Teodoro en el 399 de nuestra era:

Mobile ponderibus descendat pegma reductis
inque chori speciem spargentes ardua flammas
scaena rotet varios, et fingat Mulciber orbis
per tabulas impune vagos pictaeque citato
ludent igne trabes, et non permissa morari
fida per innocuas errent incendia turres.

Con una pulcritud de lenguaje que no hace justicia a las extravagancias sintácticas del original, el señor Platnauer traduce: "Retírense los contrapesos y la móvil grúa descienda, bajando a los encumbrados hombres que, girando como un coro, esparcen llamas. Que Vulcano forje bolas de fuego que rueden inocuamente por las tablas. Que las llamas parezcan jugar por las fingidas vigas del escenario y que una domada conflagración, a la que no se le permite descansar, vague entre las intactas torres".

Después de la caída de Roma, la pirotecnia se convirtió, una vez más, en arte exclusivamente militar. Su mayor triunfo fue la invención por parte de Callinico, hacia el 650 de nuestra era, del famoso Fuego Griego, el arma secreta que permitió al bamboleante Imperio Bizantino sostenerse durante tanto tiempo frente a sus enemigos.

Durante el Renacimiento, los fuegos artificiales volvieron al mundo de las diversiones populares. Con cada avance de la química se hicieron más brillantes y suntuosos. Para mediados del siglo XIX, la pirotecnia había llegado a una cumbre de perfección técnica y era capaz de transportar a vastas multitudes de espectadores hacia las visionarias antípodas de mentes que, conscientemente, eran respetables metodistas, puseyistas, utilitarios, discípulos de Mill o Marx, de Newman, Bradlaugh o Samuel Smiles. En la Piazza del Popolo, en Ranelagh y en el Crystal Palace, en cada Cuatro o Catorce de Julio, se le recordaba al subconsciente popular, con el bermejo resplandor del estroncio, el azul del cobre, el verde del bario y el amarillo del sodio, ese Otro Mundo de muy abajo, en el equivalente psicológico de Australia.

El fausto y la pompa son un arte visionario que ha sido utilizado, desde tiempo inmemorial, como instrumento político. Los fantásticos atuendos de reyes, papas y sus respectivos séquitos, militares y eclesiásticos, tienen una finalidad esencialmente práctica: impresionar a las clases inferiores con una sensación muy viva de la sobrehumana grandeza de sus amos. Por medio de las ropas suntuosas y las ceremonias solemnes, la dominación *de facto* queda transformada en un dominio, no solamente *de jure* sino, positivamente, *de jure divino*. Las coronas y tiaras, las variadas joyas, los satenes, sedas y terciopelos, los recargados uniformes y vestimentas, las cruces y medallas, las empuñaduras de las espadas y los báculos, los sombreros y cascos empenachados y sus equivalentes eclesiásticos y esos enormes abanicos de plumas que hacen de cada función papal un cuadro sacado de *Aída* son, sin excepción, cosas que inducen a las visiones, destinadas a que caballeros y damas demasiado humanos parezcan héroes, semidioses y seres seráficos y a que procuren, de paso, mucho placer inocente a todos los interesados, sean actores o espectadores.

En el curso de los últimos doscientos años, la técnica de la iluminación artificial ha realizado enormes progresos, y estos progresos han contribuido mucho a la efectividad del fausto y la pompa y al arte íntimamente relacionado con ellos del espectáculo teatral de gran aparato. El primer avance notable ocurrió en el siglo XVIII con la introducción de las velas moldeadas de esperma de ballena en sustitución de las viejas bujías de sebo y candelas de cera vertida. Luego vino la invención del pabilo nubular de Argand, que procura aire a la llama tanto por dentro como por fuera. Siguieron en seguida las chimeneas de vidrio y esto hizo posible, por primera vez en la historia, quemar petróleo con una luz brillante y completamente sin humo. El gas de carbón fue empleado por primera vez en la iluminación a comienzos del siglo XIX, y en 1825 Thomas Drummond halló un modo práctico de quemar cal hasta la incandescencia por medio de una llama de gas de oxígeno-hidrógeno u oxígeno-carbón. Entretanto, habían sido adoptados los reflectores parabólicos para concentrar la luz en un estrecho haz. (El primer faro inglés equipado con un reflector así fue construido en 1790.)

La influencia que estas invenciones tuvieron en la pompa y el espectáculo de gran aparato fue muy honda. En los tiempos antiguos, las ceremonias cívicas y religiosas sólo podían celebrarse de día —y los días nubosos eran tan frecuentes como los despejados— o a la luz, después de la puesta del sol, de lámparas y antorchas humosas o de débiles y vacilantes velas. Argand, Drummond, el gas, la cal y, cuarenta años después, la electricidad hicieron posible evocar, en medio del ilimitado caos de la noche, riquísimos universos-islas, en los que el brillo de metales y gemas y el suntuoso lustre de terciopelos y brocados se intensificaban hasta un punto máximo de lo que podríamos llamar significado intrínseco. Un reciente ejemplo de pompa antigua elevada por la iluminación del siglo XX a un poder mágico superior fue la coronación de la reina Isabel II. Con la película del acontecimiento, se salvó del olvido a un ritual de arrobador esplendor que hasta ahora había sido siempre el sino de solemnidades como ésa. El ritual ha quedado preservado, brillando preternaturalmente bajo los torrentes de luz, para deleite de vastos públicos contemporáneos y futuros.

En el teatro, se practican dos artes distintos y separados: el arte humano del drama y el arte del espectáculo visionario, del otro mundo. Cabe combinar elementos de las dos artes en una —como sucede con frecuencia en producciones complejas de Shakespeare— para que el público disfrute de un *tableau vivant* en el que los actores permanecen quietos o, si se mueven, se mueven únicamente de modo no dramático, de modo ceremonioso o procesional o en un baile solemne. Nuestro interés no está aquí en el drama, sino en el espectáculo teatral, que es simplemente el gran aparato sin sus armónicos políticos o religiosos.

En las artes menores visionarias del sastre de teatro y del diseñador de joyas para la escena, nuestros antepasados fueron maestros consumados. Tampoco, a pesar de su dependencia del poder muscular sin ayudas, estuvieron muy detrás de nosotros en la creación y el funcionamiento de máquinas teatrales, en la invención de "efectos especiales". En las mascaradas de los tiempos isabelinos y de los primeros Estuardo, era cosa corriente que surgieran demonios del piso y también eran frecuentes los apocalipsis y las más asombrosas metamorfosis. Se gastaban en estos espectáculos sumas enormes. El Colegio de Abogados, por ejemplo, ofreció a Carlos I una función teatral que costó más de veinte mil libras, en una fecha en que el poder adquisitivo de la libra era seis o siete veces mayor que el actual.

"La carpintería es el alma de la mascarada", dijo sarcásticamente Ben Jonson. Era un sarcasmo motivado por el resentimiento. Se pagaba a Inigo Jones por la escenografía tanto como a Ben por escribir la obra. El ofendido laureado no había comprendido sin duda que la mascarada es un arte visionario y que la experiencia visionaria está más allá de las palabras —por lo menos, más allá de toda palabra que no sea supremamente shakespeariana— y ha de ser provocada por la percepción directa, sin nada intermedio, de cosas que recuerden al espectador lo que está pasando en las inexploradas antípodas de su propia conciencia personal. Según eran las cosas, el alma de la mascarada no podía ser nunca un libreto jonsoniano; *tenía que ser* la carpintería. Pero ni la carpintería podía ser toda el alma de la mascarada. Cuando llega a nosotros desde adentro, la experiencia visionaria es siempre preternaturalmente brillante. Sin embargo, los antiguos escenógrafos no tenían ninguna fuente de luz manejable que fuera más brillante que una vela. A corta distancia, una vela puede crear contrastes de luces y sombras extraordinariamente mágicos. Los cuadros visionarios de Rembrandt y Georges de La Tour son de cosas y personas vistas a la luz de las velas. Por desgracia, la luz obedece a la ley de los cuadrados inversos. A distancia segura del atuendo inflamable de un actor, las velas resultan completamente inadecuadas. A cinco metros, por ejemplo, harían falta cien de las mejores velas de cera para producir la iluminación efectiva de una bujía a medio metro. Con una iluminación tan mísera, sólo podía aprovecharse una pequeña fracción de las posibilidades visionarias de la mascarada. De hecho, sus posibilidades visionarias no se realizaban hasta mucho después de que hubiera dejado de existir en su forma original. Sólo en el siglo XIX, cuando el avance de la tecnología procuró al teatro luces de calcio y reflectores parabólicos, pudo llegar la mascarada a su plenitud. Los tiempos victorianos fueron la edad gloriosa de la llamada pantomima de Navidad y de los espectáculos de gran aparato. Hasta los títulos de *Alí Babá*, *El Rey de los Pavos Reales*, *La Rama de Oro* y *La Isla de las Gemas* son mágicos. El alma de la magia teatral eran la carpintería y el vestuario; su espíritu interno, sus *scintillae animae*, eran el gas y la luz de calcio y, después del ochenta, la electricidad. Por primera vez en la historia de la escena, haces de la más brillante incandescencia transfiguraban cuanto en la escena había: pintados telones, vestidos, el vidrio y el similor de las joyas, de manera que todo esto se hacía capaz de transportar al espectador hacia el Otro Mundo, el que se halla al fondo de toda mente, por muy perfecta que sea su adaptación a las exigencias de la vida social, inclusive a la vida social de Inglaterra en plena era victoriana. Hoy estamos en la afortunada condición de derrochar medio millón de caballos de fuerza en la iluminación nocturna de una metrópoli. Y, sin embargo, a pesar de esta desvalorización de la luz artificial, el espectáculo teatral conserva su vieja magia atrayente. Encarnada en los ballets, las revistas y las comedias musicales, el alma de la mascarada sigue su marcha. Las lámparas de mil watios y los reflectores parabólicos proyectan haces de luz preternatural y la luz preternatural procura a cuanto toca color y significado preternaturales. Hasta el espectáculo más tonto puede resultar maravilloso. Es el caso de un Nuevo Mundo llamado a restablecer el equilibrio del Viejo, de un arte visionario que compensa las deficiencias del drama demasiado humano.

La invención de Athanasius Kircher —si fue realmente suya— fue bautizada desde el principio como *Lanterna Magica*. Este nombre fue adoptado en todas partes como perfectamente adecuado para una máquina cuya materia prima era la luz y cuyo producto acabado era una imagen en colores que surgía de la oscuridad. Para hacer más mágicas todavía las sesiones de linterna mágica, los sucesores de Kircher idearon una serie de métodos para procurar vida y movimiento a la imagen proyectada. Hubo placas corredizas "cromotrópi-cas", consistentes en dos discos de vidrio pintado que podían girar en direcciones opuestas, produciendo una tosca imitación, aunque siempre efectiva, de esos dibu-jos tridimensionales perpetuamente cambiantes que han sido percibidos virtualmente por cuantos han teni-do una visión, sea espontánea o inducida por las drogas, el ayuno o la lámpara estroboscópica. Luego, hubo esas "vistas que se disolvían", que recordaban al espectador las incesantes metamorfosis que se producen en los antí-podas de la conciencia cotidiana. Para que una escena se transformara imperceptiblemente en otra, se utiliza-ron dos linternas mágicas que proyectaban en la panta-lla imágenes coincidentes. Cada linterna estaba provista de un obturador, dispuesto de modo que la luz de una pudiera ser progresivamente disminuida mientras la de la otra —en un principio completamente oscurecida— se hacía cada vez más brillante. De este modo, la vista proyectada por la primera linterna quedaba insensible-mente reemplazada por la vista de la segunda para delei-te y asombro de los espectadores. Otra invención fue la de la linterna mágica móvil, que proyectaba su ima-gen en una pantalla semitransparente, a cuyo otro lado se sentaba el público. Cuando la linterna era trasladada sobre ruedas hasta muy cerca de la pantalla, la imagen proyectada era muy pequeña. Luego, a medida que la linterna se alejaba, la imagen se hacía mayor. Un aparato automático de enfoque mantenía nítidas las cambiantes imágenes a todas las distancias. La palabra "fantasmagoría" fue acuñada en 1802 por los inventores de esta nueva clase de espectáculo visual.

Todos estos perfeccionamientos en la tecnología de las linternas mágicas fueron contemporáneos de los poetas y pintores del Renacimiento Romántico y cabe que hayan ejercido cierta influencia en la elección de temas y en los modos de tratarlos. *La Reina Mab* y *La Rebelión del Islam*, por ejemplo, están llenos de vistas que se disuelven y fantasmagorías. Las descripciones que hace Keats de escenas y personas, de interiores, muebles y efectos de luz, tienen la intensa cualidad radiante de las imágenes en colores sobre una pantalla blanca en una habitación a oscuras. Las representaciones por parte de John Martin de Satanás y Baltasar, del Infierno, Babilonia y el Diluvio, están manifiestamente inspiradas en las placas giratorias de la linterna y en los *tableaux vivants* dramáticamente iluminados por la luz de calcio.

El equivalente en el siglo XX de las sesiones de linterna mágica es la película en colores. En las enormes y costosas películas "espectaculares", sigue su marcha el alma de la mascarada, en ocasiones pasándose de la raya, pero a veces con buen gusto y una real comprensión de la fantasía inductora de visiones. Además, gracias a la tecnología siempre en avance, los documentales en colores han demostrado ser, cuando están en hábiles manos, una nueva forma muy notable de arte visionario popular. Viene derechamente del Otro Mundo esa vegetación de cactos inmensamente aumentada en la que, a la terminación de *El desierto viviente* de Disney, el espectador se siente sumergido. Y ¡qué visiones más arrobadoras hay en las mejores de las películas sobre la naturaleza, con el follaje movido por el viento, las contexturas de rocas y arenas, las sombras y los reflejos de esmeralda en la hierba o los juncales, las aves, los insectos y los cuadrúpedos en pos de sus afanes en los matorrales o entre los árboles del bosque! Aquí están los mágicos primeros términos de paisajes que fascinaron a los tejedores de tapices *millefeuille*, a los pintores medievales de jardines y escenas de caza. Aquí están los agrandados y aislados detalles de naturaleza viva con los que los artistas del Lejano Oriente hicieron algunas de sus más bellas pinturas.

Y hay luego lo que podría llamarse el Documental Deformado, una extraña nueva forma de arte visionario, admirablemente ejemplificada en la película *NY, NY*, de Francis Thompson. En esta extrañísima y bellísima película, vemos cómo se manifiesta la ciudad de Nueva York cuando se la fotografía a través de prismas multicolores o se refleja en dorsos de cucharas, pulidos cubos de ruedas o espejos esféricos y parabólicos. Reconocemos casas, personas, escaparates y taxis, pero los reconocemos como elementos de una de esas geometrías vivas que son tan características de la experiencia visionaria. La invención de este nuevo arte cinematográfico parece presagiar, gracias a Dios, la pronta liquidación de la pintura no representativa. Los pintores de lo no representativo suelen decir que la fotografía en colores ha reducido los retratos y paisajes a la categoría de absurdidades ociosas. Esto es, desde luego, completamente inexacto. La fotografía en colores se limita a registrar y preserva, en una forma fácilmente reproducible, las materias primas con las que trabajan los retratistas y paisajistas. Utilizada como la utiliza el señor Thompson, la cinematografía en colores hace mucho más que registrar y preservar las materias primas del arte no representativo; entrega en realidad un producto acabado. Al ver *NY, NY* quedé asombrado, advirtiendo que virtualmente todos los recursos pictóricos ideados por los Viejos Maestros del arte no representativo y reproducidos *ad nauseam* por los académicos y amanerados de la escuela, durante los últimos cuarenta años o más, hacían su aparición, vivos, resplandecientes, intensamente significativos en la sucesión de imágenes de esta película del señor Thompson.

Nuestra posibilidad de proyectar un poderoso haz de luz nos ha permitido algo más que crear nuevas formas de arte visionario; también ha procurado a una de las artes más antiguas, la de la escultura, una cualidad visionaria que antes no poseía. He hablado en un párrafo anterior de los mágicos efectos que la fuerte iluminación tiene en los monumentos antiguos y los objetos naturales. Análogos efectos se advierten cuando dirigimos los haces de luz hacia la piedra esculpida. Fuseli obtuvo inspiración para algunas de sus mejores y más audaces ideas pictóricas estudiando las estatuas de Monte Cavallo a la luz del sol poniente o, mejor todavía, cuando las iluminaban los relámpagos a medianoche. Hoy, disponemos de puestas de sol artificiales y relámpagos sintéticos. Podemos iluminar nuestras estatuas desde el ángulo que elijamos y, prácticamente, con el grado de intensidad que deseemos. El resultado ha sido que la escultura nos ha revelado nuevos significados y bellezas insospechadas. Visitemos el Louvre una noche, cuando las antigüedades griegas y egipcias están fuertemente iluminadas. Nos encontraremos con nuevos dioses, ninfas y faraones; conoceremos, al apagarse un foco y encenderse otro en un ángulo distinto, a toda una familia de desconocidas Victorias de Samotracia.

Lo pasado no es algo fijo e inalterable. Sus hechos son descubiertos de nuevo por cada generación sucesiva; hay una nueva apreciación de valores y una nueva definición de significados de acuerdo con los presentes gustos y preocupaciones. Con los mismos documentos, monumentos y obras de arte, cada época inventa su propia Edad Media, su China privada, su Hélade patentada y registrada. Hoy, gracias a los recientes avances en la técnica de la iluminación, podemos ir más adelante que nuestros predecesores. No solamente hemos dado una nueva interpretación a las grandes obras de escultura que nos han sido legadas; de hecho, hemos logrado alterar la apariencia física de estas obras. Las estatuas griegas, según las vemos iluminadas por una luz que nunca hubo en tierra o mar y fotografiadas luego en una serie de fragmentarios primeros términos desde los ángulos más inverosímiles, apenas se parecen a las estatuas griegas vistas por críticos de arte y el público general en las penumbrosas galerías y las pulcras láminas de tiempos pasados. El propósito del artista clásico, sea cual fuere el período en que haya podido vivir, es poner orden en el caos de la experiencia, presentar un cuadro comprensible y racional de la realidad en el que todas las partes se vean claramente y estén coherentemente relacionadas, de modo que el espectador sepa —o, para ser más exacto, se imagine que sabe— precisamente qué es qué. A nosotros no nos atrae este ideal de ordenación racional. Consiguientemente, cuando nos vemos ante obras de arte clásico, utilizamos todos los medios a nuestro alcance para que parezcan algo que no son, algo que nunca se quiso que fueran. En una obra cuya esencia es su unidad de concepción, elegimos un rasgo aislado, dirigimos sobre él nuestros reflectores y lo imponemos, al margen del contenido total, a la conciencia del observador. Cuando un contorno nos parece demasiado continuo, demasiado evidente, lo rompemos, haciendo que alternen las sombras con franjas de fuerte luz. Cuando fotografiamos una figura o un grupo esculpidos, utilizamos la cámara para aislar una parte que luego exhibimos en enigmática independencia del conjunto. De esta manera, podemos "desclasificar" al más severo de los clásicos. Sometido al tratamiento de la luz y fotografiado por un

172

fotógrafo experto, un Fidias se convierte en una pieza de expresionismo gótico y un Praxíteles se transforma en un fascinante objeto surrealista sacado de las más cenagosas profundidades de lo subconsciente. Esto tal vez sea malo como historia del arte, pero nos procura indudablemente enormes satisfacciones.

Apéndice IV

Pintor de cámara primeramente del duque de su Lorena natal y luego del rey de Francia, Georges de La Tour fue tratado durante su vida como el gran artista que manifiestamente era. Con el advenimiento de Luis XIV y la aparición, el deliberado cultivo, de un nuevo Arte de Versalles, aristocrático en el tema y lúcidamente clásico en el estilo, la reputación de este hombre antes famoso sufrió un eclipse tan completo que, al cabo de un par de generaciones, había sido olvidado hasta su nombre, y sus cuadros sobrevivientes fueron atribuidos a los Le Nain, a Honthorst, a Zurbarán, a Murillo y hasta a Velázquez. El nuevo descubrimiento de La Tour comenzó en 1915 y quedó virtualmente completado en 1934, cuando el Louvre organizó una notable exposición de "Los Pintores de la Realidad". Ignorado durante casi trescientos años, uno de los más ilustres pintores franceses había regresado a reclamar sus legítimos derechos.

Georges de La Tour fue uno de esos visionarios extravertidos cuyo arte refleja fielmente ciertos aspectos del mundo exterior, pero los refleja en un estado de transfiguración, de modo que hasta el detalle más insignificante se convierte en intrínsecamente significativo, en una manifestación de lo absoluto. La mayoría de sus composiciones son figuras vistas a la luz de una sola vela. Una sola vela, como Caravaggio y los españoles lo han demostrado, puede producir enormes efectos teatrales. Pero La Tour no buscaba estos efectos. No hay nada dramático en sus cuadros, nada trágico, patético o grotesco, ninguna representación de acción, ninguna apelación a esas emociones cuya excitación y posterior apaciguamiento reclama el público que va al teatro. Sus personajes son esencialmente estáticos. Nunca *hacen* nada; *están* simplemente, como están un faraón de granito, un bodhisattva de Khmer o uno de los ángeles de achatados pies de Piero. Y la bujía única es utilizada, en todos los casos, para subrayar esta permanencia, intensa, pero tranquila, impersonal. Al exhibir cosas corrientes a una luz desusada, la llama hace manifiesto el misterio vivo y la inexplicable maravilla de la mera existencia. Hay tan poca religiosidad en los cuadros que, en muchos casos, es imposible decidir si estamos ante una ilustración de la Biblia o un estudio de modelos a la luz de la vela. ¿Es la "Natividad" en Rennes *la* Natividad o meramente *una* natividad? ¿Es meramente eso el cuadro de un viejo dormido al que contempla una muchacha? ¿O se trata de San Pedro en la prisión visitado por el ángel liberador? No hay manera de decirlo. Pero, aunque el arte de La Tour carece totalmente de religiosidad, es profundamente religioso, en el sentido de que revela, con intensidad sin paralelo, la omnipresencia divina.

Debe añadirse que, como hombre, este gran pintor de la inmanencia de Dios fue al parecer orgulloso, duro, intolerablemente dominante y avaricioso. Lo que demuestra una vez más que no hay una correspondencia exacta entre la obra del artista y su carácter.

Apéndice V

Vuillard pintó por lo general primeros términos de interiores, pero también algunos de jardines. En unas pocas composiciones se arregló para combinar la magia de lo próximo con la magia de lo distante, representando un rincón de habitación en el que se halla o cuelga su propia representación, o la de algún otro, de una lejana vista de árboles, montes y cielo. Es una invitación a sacar el mejor partido posible de los dos mundos, el telescópico y el microscópico, con una sola mirada.

Por lo demás, sólo recuerdo un puñado de primeros términos de paisaje que sean obra de artistas europeos modernos. Hay una extraña *Maleza* de Van Gogh en el Metropolitan. Hay la maravillosa *Cañada en Helmington Park* de Constable en la Galería Tate. Hay un mal cuadro, la *Ofelia* de Millais, que resulta mágico, a pesar de todo, por el intrincamiento del follaje veraniego visto, de muy cerca, por un ratón campestre. Y recuerdo un Delacroix, contemplado hace tiempo en una exposición de cuadros prestados para la ocasión, de corteza, hojas y brotes en un primer término absoluto. Habrá, claro está, otros, pero o los he olvidado o no los he visto nunca. En todo caso, no hay en Occidente nada comparable a las interpretaciones chinas y japonesas de la naturaleza vista muy de cerca. Un ramaje de ciruelo en flor, medio metro de tallo de bambú con sus hojas, pinzones u otros pajarillos vistos apenas un largo de brazo entre ramas, toda clase de flores y follajes, de aves, peces y pequeños mamíferos. Cada vida diminuta está representada como el centro de su propio universo, como el propósito, en su propia estimación, para el que este mundo y cuanto contiene fue creado; cada una proclama su propia declaración específica e individual frente al imperialismo humano; cada una, por irónica deducción, ridiculiza nuestras absurdas pretensiones de establecer normas meramente humanas para la conducción del juego cósmico; cada una repite calladamente la divina tautología: Yo soy el que soy.

La naturaleza a media distancia es conocida, tan conocida que llegamos a creer que realmente sabemos todo lo referente a ella. Vista desde muy cerca, desde muy lejos o desde un ángulo desusado, nos parece inquietamente extraña, maravillosa y más allá de toda comprensión. Los primeros términos de paisajes de China y Japón son otras tantas ilustraciones del tema de que el Samsara y el Nirvana son uno, que lo Absoluto se manifiesta en toda apariencia. Estas grandes y, sin embargo, pragmáticas verdades metafísicas fueron expuestas por los artistas de inspiración Zen, del Lejano Oriente, todavía de otra manera. Todos los objetos de su escrutinio desde muy cerca fueron representados en un estado al margen de toda relación, sobre el vacío de seda o papel vírgenes. Así aisladas, estas apariencias transitorias adoptan una especie de absoluta Cosa en Sí. Los artistas occidentales han apelado a este recurso al pintar figuras sagradas, retratos y, en ocasiones, objetos naturales a cierta distancia. El *Molino* de Rembrandt y los *Cipreses* de Van Gogh son ejemplos de paisajes distantes en los que un solo rasgo ha sido hecho absoluto mediante el aislamiento. El poder mágico de muchos de los aguafuertes, dibujos y pinturas de Goya puede ser explicado por la circunstancia de que sus composiciones adoptan casi siempre la forma de unas cuantas siluetas, o hasta de una silueta única, con un fondo totalmente vacío. Estas formas poseen la cualidad visionaria del significado intrínseco, realzado por el aislamiento y la falta de relación hasta una intensidad preternatural.

En la naturaleza, como en la obra de arte, el aislamiento de un objeto tiende a procurarle un carácter absoluto, a darle un significado más que simbólico que se identifica con el ser.

Mas hay un árbol, de uno "solo" sé;
un "solo" campo miran estos ojos;
los dos recuerdan algo que se fue.

Este "algo" que Wordsworth recordaba, que ya no podía ver, era "el fulgor visionario". Recuerdo que este fulgor y este significado intrínseco eran las propiedades de un roble solitario que podía verse desde el tren, entre Reading y Oxford, en lo alto de un oteruelo en medio de una vasta extensión de sembrados. El árbol recortaba su silueta en el pálido cielo septentrional.

El efecto de aislamiento combinado con la proximidad puede ser estudiado, en toda su mágica extrañeza, en el extraordinario cuadro de un artista japonés del siglo XVII que fue también un famoso espadachín y un estudioso de Zen. La pintura representa a un alcaudón, posado en la punta de una desnuda rama, "a la espera sin propósito, pero en un estado de tensión extrema". El ave surge del Vacío, de la eternidad sin nombre ni forma, que es, sin embargo, la misma sustancia del universo múltiple, concreto y transitorio. Este alcaudón en su desnuda rama es primo hermano del zorzal invernal de Hardy. Pero, mientras el zorzal victoriano se empeña en darnos una lección de una u otra clase, el alcaudón del Lejano Oriente se contenta sencillamente con existir, con estar intensa y absolutamente *allí*.

Apéndice VI

Muchos esquizofrénicos pasan la mayor parte de su tiempo, no en la tierra o el cielo, ni siquiera en el infierno, sino en un mundo gris y sombrío de fantasmas e irrealidades. Lo cierto de estos psicóticos lo es también, en menor medida, de ciertos neuróticos afligidos por una forma más suave de enfermedad mental. Recientemente, se ha podido inducir a este estado de existencia fantasmal mediante la administración de una pequeña cantidad de uno de los derivados de la adrenalina. Para los vivos, las puertas del cielo, el infierno o el limbo se abren, no con "macizas llaves de metales hechas", sino por la presencia en la sangre de una serie de compuestos químicos y por ausencia de otra serie. El mundo de las sombras habitado por algunos esquizofrénicos y neuróticos se parece mucho al mundo de los muertos, tal como ha sido descripto en algunas de las primeras tradiciones religiosas. Como los fantasmas en el Sheol y en el Hades de Homero, estas personas mentalmente perturbadas han perdido el contacto con la materia, el lenguaje y sus semejantes. No tienen asidero alguno en la vida y están condenadas a la inacción, la soledad y el silencio, interrumpido únicamente por los ininteligibles chillidos y farfullas de los fantasmas.

La historia de las ideas escatológicas señala un progreso auténtico, un progreso que puede ser descripto en términos teológicos como el paso del Hades al Cielo, en términos químicos como la sustitución de la adrenolutina por la mescalina y el ácido lisérgico, y en términos psicológicos como el avance desde la catatonía y las sensaciones de irrealidad a una impresión de realzada realidad en la visión y, finalmente, en la experiencia mística.

Apéndice VII

Géricault era un visionario negativo, porque si bien su arte era casi obsesivamente fiel a la naturaleza, lo era a una naturaleza mágicamente transfigurada, en su percepción y en el modo de expresarla, para peor. En una ocasión, dijo: "Comienzo a pintar una mujer y acaba siendo siempre un león". De hecho, muchas veces acababa en algo mucho menos grato que un león; en, por ejemplo, un cadáver o un demonio. Su obra maestra, su prodigiosa *Balsa de la Medusa*, fue pintada, no sacándola de la vida, sino de la disolución y la corrupción, de trozos de cadáveres proporcionados por estudiantes de medicina, del consumido torso y del rostro amarillento de un amigo que había estado padeciendo una enfermedad hepática. Hasta las olas sobre las que la balsa flota y hasta el alto cielo tienen colores cadavéricos. Se diría que todo el universo se había convertido en una sala de disección.

Y luego están sus cuadros demoníacos. *El Derby*, es manifiesto, se está corriendo en el infierno, con un fondo llameante de oscuridad visible. *El caballo asustado por el rayo*, en la Galería Nacional, es la revelación, en un solo instante congelado, de la extrañeza, de la siniestra y hasta infernal otra cosa que se esconde en las cosas conocidas. En el Museo Metropolitano hay el retrato de un niño. Y ¡qué niño! Con su chaqueta cárdenamente reluciente, el chiquitín es, según la expresión grata a Baudelaire, "un Satanás en cierne", *un Satan en herbe*. Y el estudio de un hombre desnudo, también en el Metropolitano, no es más que este Satán en cierne convertido en persona mayor.

Por los relatos que sus amigos nos han dejado de él, es manifiesto que Géricault veía el mundo que lo rodeaba como una sucesión de apocalipsis visionarios. El caracoleante caballo de su temprano *Officier de Chasseurs* fue visto una mañana, en el camino de Saint-Cloud, en la polvorienta luminosidad del sol matutino, encabritándose y lanzándose hacia adelante entre las varas de un ómnibus. Los personajes de la *Balsa de la Medusa* fueron pintados con todo detalle, uno por uno, sobre el lienzo virgen. No hubo ningún esbozo de la composición total, ninguna gradual construcción de la armonía general de tonos y matices. Cada revelación determinada —un cadáver en descomposición, un enfermo en la fantasmal extremidad de la hepatitis— fue expresada tal como había sido vista y realizada artísticamente.

Por un milagro del genio, cada sucesivo apocalipsis quedó encajado, proféticamente, en una armoniosa composición que, cuando la primera de aquellas aterradoras visiones fue trasladada al lienzo, sólo existía en la imaginación del artista.

Apéndice VIII

En *Sartor Resartus* Carlyle ha dejado lo que —en *El Señor Carlyle, mi paciente*— su biógrafo psicosomático, el doctor James Halliday, denomina "una asombrosa descripción de un estado mental psicótico, en gran parte depresivo, pero en parte también esquizofrénico".

"Los hombres y mujeres a mi alrededor —escribe Carlyle—, hasta cuando me hablaban, eran únicamente Figuras; yo había olvidado prácticamente que estaban vivos, que no eran meros autómatas. En medio de sus atestadas calles y reuniones, yo iba solitario y me sentía feroz —aunque era mi propio corazón, no el de otro, lo que estaba devorando— como el tigre en la selva... Para mí, el Universo carecía de Vida, de Propósito, de Volición y hasta de Hostilidad; era una enorme, inconmensurable y muerta máquina de Vapor, girando con la indiferencia de lo muerto para triturarme miembro a miembro... Sin esperanza, no tenía ningún miedo definido, ni del Hombre ni del Diablo. Y sin embargo, de modo extraño, vivía en un temor continuo, indefinido y agotador; era un hombre trémulo, pusilánime, temeroso de no sé qué; me parecía que todas las cosas, las de arriba, en el Cielo, y las de abajo, en la Tierra, iban a hacerme daño; como si el Cielo y la Tierra fueran las ilimitadas mandíbulas de un Monstruo devorador, mientras yo, palpitante, permanecía a la espera de ser devorado." Renée y el idólatra de los héroes están evidentemente describiendo la misma experiencia. Los dos perciben la Infinitud pero en la forma del "Sistema", de la "inconmensurable Máquina de Vapor". Para los dos también, todo es significativo, pero negativamente significativo, de modo que todo suceso carece totalmente de sentido, todo objeto es intensamente irreal y todo ser que se llama a sí mismo humano es un muñeco con cuerda, un muñeco que hace grotescamente sus movimientos de trabajo o juego, sus movimientos de amar, de odiar, de pensar, de ser elocuente, heroico, santo, lo que se quiera. El robot, si no sabe hacer muchas cosas, no es nada.

Índice